广州市情丛书

广州市人民政府地方志办公室 编

大城善治

Good Governance of the City

南方日报 编
郑佳欣 姜玉龙 主编
黄少宏 黄伟 谭亦芳 副主编

光明日报出版社

图书在版编目（CIP）数据

大城善治 / 南方日报编. --北京：光明日报出版社，2016.9

ISBN 978-7-5194-1890-8

Ⅰ.①大… Ⅱ.①南… Ⅲ.①城市管理—研究—广州 Ⅳ.①F299.276.51

中国版本图书馆 CIP 数据核字（2016）第 222419 号

大城善治

编　　者：南方日报

责任编辑：宋　悦　　　　责任校对：赵鸣鸣

封面设计：中联学林　　　　责任印制：曹　净

出版发行：光明日报出版社

地　　址：北京市东城区珠市口东大街 5 号，100062

电　　话：010-67078251（咨询），67078870（发行），67019571（邮购）

传　　真：010-67078227，67078255

网　　址：http://book.gmw.cn

E - mail：gmcbs@gmw.cn　songyue@gmw.cn

法律顾问：北京德恒律师事务所龚柳方律师

印　　刷：北京天正元印务有限公司

装　　订：北京天正元印务有限公司

本书如有破损、缺页、装订错误，请与本社联系调换

开　　本：710×1000　1/16

字　　数：216 千字　　　　印　张：14.5

版　　次：2017 年 1 月第 1 版　　　　印　次：2017 年 1 月第 1 次印刷

书　　号：ISBN 978-7-5194-1890-8

定　　价：42.00 元

《广州市情丛书》编审委员会

《广州市情丛书》出版说明

广州，国家历史文化名城、国家中心城市、国际商贸中心和综合交通枢纽。公元前214年，秦平岭南，建番禺城，至今已2230年的建城历史，经历滥觞、开拓、发展、繁荣的沧桑巨变。中华人民共和国成立后特别是改革开放以来，广州城市建设全面提速，城市布局不断优化。1998年起，围绕“一年一小变”“三年一中变”“十年一大变”的目标，加快城市交通设施、市政工程建设步伐。2000年，广州提出“东进、西联、北优、南拓”的城市发展战略，番禺、花都撤市设区，城区面积增加近两倍，广州城市格局由“云山珠水”拓展为“山水城田海”。2014年2月，广州新一轮行政区划调整，市辖区面积从3843.43平方千米扩大至7434平方千米，“大广州”破茧而出。

广州作为海上丝绸之路发祥地和岭南文化中心地，有着辉煌的商贸发展史和灿烂的历史文化。深入挖掘广州丰厚的历史文化资源，开展重大决策、重要产业、重大事件等专项资料的搜集整理，形成独具特色的市情资料成果，不仅能弥补地方志资料年报的不足、丰富广州第三轮修志资料，而且能服务经济社会发展大局，提高公共文化服务能力和水平，满足广州市各级党委政府、社会各界和广大人民群众的不同需求，使其“较快地了解一个地方的山川地貌、乡情民俗、名流商甲，桑麻农事，可以从中找出有规律性的东西”（习近平总书记语）。

《广州市情丛书》系列共12本，选题围绕“资政、存史、育人”的宗旨，着眼于服务城市中心工作、服务社会、服务市民，涵盖广州政治、经济、社会和生态建设以及历史文化等方面，包括《三朝古都广州》《大城善治》《广州现代工业和信息化服务业》《广州现代服务业》《发展中的广州现代农业》《广州文化创意产业》《新常态下的公共决策服务理论探索》《广州现代城市建设与环境治理》《生活垃圾处理的广州之路》《广州社会保障事业发展研究》《广府居家习俗》《变革中的广州》，注重突出广州地方特色和时代特色，也有较深入、较系统的理论总结，较全面地反映广州风土人情和社会生活各方面的发展情况。

为编好《广州市情丛书》，广州市人民政府地方志办公室广泛发动社会力量，从政府相关部门、研究机构、高等院校和社会组织中选择熟悉广州市情的实际工作者、具有较高学术素养的专家学者担任主编、作者，并组织专家对丛书编写提纲进行评审。在此，对各有关单位、各位专家学者的大力支持、辛勤耕耘和热情付出表示衷心感谢！地情文献具有不可替代的重要文化价值和研究价值，随着时代的发展和科技的进步，地情文献的开发利用将会更加有效，地情文献的价值将会得到更好的发挥。

广州市人民政府地方志办公室

二〇一六年九月三十日

目　录

CONTENTS

第一篇章　探寻广州创新驱动发展的路径和未来

开放广州，创新发力。

当前，创新驱动发展已上升为国家战略。2015 年 3 月，《中共中央、国务院关于深化体制机制改革加快实施创新驱动发展战略的若干意见》正式发布。以广州为龙头的珠三角国家自主创新示范区已经获批。

2015 年 6 月初，广州召开全市科技创新大会，吹响了创新驱动城市发展的集结号和冲锋号。本次大会公布的“1 +9”政策体系，覆盖科技金融产业融合、创新载体建设、研发机构发展、科技成果转化、创新创业人才支持等关键领域及环节，全力打造科技创新政策“洼地”。依托创新驱动，广州这座国家中心城市正迎来新一轮改革发展、开放发展的历史机遇。

嗅觉敏锐的企业家早已先行一步。砍掉工厂，砸掉政府采购的“金饭碗”，用互联网方式革了自己传统办公家具制造企业的命，酷漫居从零开始打造以儿童动漫作为卖点的互联网家具企业，打造线上线下融合的闭环 O2O 电商模式。

亿航无人机联合创始人熊逸放则在想象中国“智造”出海的未来。作为海上丝绸之路的重要发祥地，广州今天与世界 220 多个国家和地区形成了密切的经贸文化往来，吸引了包括 236 家世界 500 强在内的 1 万多家跨国企业投资兴业。

在市场活跃、需求旺盛的广州，大批科技型中小企业和创新型企业正在像雨后春笋般成长。观察人士发现，这些企业以科技为驱动力，拥有自主知识产权，拥有核心技术，不畏国际国内竞争，正在成为未来广东产业转型的有生力量。

美国最具影响力的商业杂志《快公司》推出的“2014年中国最佳创新公司50”榜单，广州有8家企业入选，数量仅次于北京。酷漫居、YOU+国际青年社区、巨杉数据库等一批充满活力的企业，成为广州创新的杰出代表。

在一个多月的时间中，南方日报记者深入走访这些坐在风口上的广州创新样本，深刻感受到来自一线的广州创新创业活力：

——由旧牙膏厂改造而成的广州海珠区凤凰新村的YOU+国际青年社区开业仅仅两年，成了全国青年公寓的朝圣地。YOU+以广州为基地在北上广深快速连锁扩张，建立青年创业社区，吸纳青年才俊在社区创业，变身新型孵化器。

——从2014年4月成立至今短短1年时间，亿航科技已从最初的四五个人成长为百人的团队，公司估值翻了25倍，火箭般的发展速度来自背后的技术创新。亿航科技旗下无人机Ghost可以完全由智能手机控制，完成所有的飞行动作操控，这也让每一个普通人可以轻松操纵无人机。

——立志打造全球第一B2B阳光采购平台的一呼百应，让采购商把原材料采购环节搬到网上，有利于企业采购的阳光化，同时线上交易也有助于其建立更强的供应商库。一呼百应相关负责人告诉记者，公司希望可以用5到10年的时间，成为市值千亿的互联网企业。

基于这一深入走访调研，我们推出了“寻找风口上的广州创新样本”这一子系列报道，同时又深度剖析广州的创新驱动发展战略，积极为广州实施创新驱动发展战略鼓与呼，形成了“创新驱动　广州行动”的全景式报道，试图从中探寻广州创新驱动发展的路径和未来。

一、广州引领珠三角创新“雁阵”

科技财政经费与孵化器建设“双倍增计划”，8 亿元投到企业研发经费后补助……2015 年 6 月 2 日，广州市科技创新大会正式发布的“1 +9”科技创新政策吸引无数目光。与此同时，珠海、佛山、东莞等珠三角城市也已出台或正酝酿科技创新系列政策。一个完善的科创政策矩阵，正在珠三角形成并发力。

根据广东省发布的加快推进创新驱动发展重点工作方案，广州将发挥创新发展的龙头带动作用，连同珠海、佛山、惠州、东莞、中山、江门、肇庆 7 市，以及 2014 年已获批国家自主创新示范区的深圳，共同构建“1 +1 +7”的珠三角国家自主创新示范区的建设格局。

在中国制造的心脏地带，由广州领衔的创新“雁阵”正形成高飞态势，珠三角正从“世界工厂”向更为高端的“智造中心”转变。

打造珠三角制造业“大脑”

走进位于广州大学城的国家超级计算广州中心，一排排整齐的黑色机柜闪烁着绿光，连续 4 次蝉联全球超级计算机 500 强榜首的“天河二号”超级计算机正在运行。

2014 年，在“天河二号”帮助下，广汽研究院某个原需耗时 2—3 年的新车型设计，5 个月就完成了。国家超级计算广州中心主任袁学锋说，新一轮工业革命的主线是信息技术与工业技术的高度融合，珠三角制造业在过去 30 年发展积累了一定的技术基础和研发能力，抓住新的战略机遇，完全有可能在制造业上实现创新发展。

以“天河二号”为代表的重大科技基础设施，为广东创新驱动发展战略提供了强力支撑。作为国家中心城市和省会城市，广州聚集了全省 2/3 的普通高校、97%的国家重点学科和全部国家重点实验室。20世纪80年代，一批批来自广州的“星期六工程师”为珠三角企业注入动力。如今，广州仍是珠三角制造业的“大脑”，为珠三角国家自主创新示范区的创建提供支撑和服务。

作为珠三角创新产业链的关键一环，广州也正集聚更多的创新资源，打造聚合创新发展高端要素的新平台。

前不久在广州召开的首届中国创新科技成果交流会上，全国600多家单位的1100多项创新成果一一亮相，10个项目现场签约，20多个项目在穗落地转化，投资合作金额接近20亿元。回国创业的“海归”陈梓煜在会上收获颇丰，其自主研发的工业级3D打印机可以节省模具开发的成本，引来诸多珠三角企业上门谈合作。

体制改革创造万众创新生态

广州“1+9”科技创新系列政策措施的出台，被寄予了激活广州乃至整个珠三角创新生态的厚望。

从2015年开始，广州科研经费投入将发生重大调整。广州市科研经费目前投入到企业的比例约70%，下一步将达到并稳定在80%，其他投入到基础研究。

“实施创新驱动发展战略，是广州对接国家战略走在前列的责任担当，是适应和引领经济新常态的必然选择。”省委常委、广州市委书记任学锋在广州市科技创新大会上说，要营造良好创新生态环境，深化科技体制改革，建立完善市场导向的创新驱动体制机制。

广州在创新体制机制上的改革破题，得到了其他珠三角城市的呼应。截至目前，珠海、佛山、东莞等珠三角城市，也都已出台或正在酝酿科技创新系列政策文件，以培育万众创新的生态，释放企业创新的活力。

成为中南海“座上宾”的“兼职猫”之父王锐旭，开发“超级课程表”APP的90后“创业明星”余佳文，颠覆了传统人际交往模式的微信团队……包容的创新环境、开放的市场环境，让一个个创新榜样在广州、在珠三角脱颖而出。

美国商业杂志《快公司》中文版评选出2014年中国最佳创新公司50强中，8家广州企业、6家深圳企业、1家珠海企业和1家佛山企业上榜。

跻身其中的亿航科技联合创始人熊逸放不久前在国际消费类电子产品展览会上捧回了最佳无人机奖。在他看来，珠三角强大的生产能力，加上创新技术导向，打通了中国智能硬件出海的通道。而随着创新资源加速集聚和分工协作，在广州引领下，珠三角创新“雁阵”正形成高飞态势。

●撰文：郑佳欣　卢轶

二、新设科技创新券扶助中小微企业

广州科技研发补助发放机制将发生重大变革。由“研发前补助”转变为“投入后补助”，最高补助比例可达5%。2015年6月2日，广州市科技创新大会召开，会上推出实施创新驱动发展战略的“1+9”系列政策措施。广州还将设立科技创新券，科技创新券最高可支付单项技术服务合同金额的30%，每家企业每年最高申请获取创新券总额不超过300万元。广州还特别强调，鼓励广州地区科技服务机构为珠三角地区科技型中小微企业提供服务。

在会上，省委常委、广州市委书记任学锋指出，实施创新驱动发展战略，是广州对接国家战略走在前列的责任担当，是适应和引领经济新常态的必然选择，是巩固提升国家中心城市地位的根本要求，是产业结构调整和发展方式转变的客观要求。全市各级各部门要进一步增强紧迫感、危机感和责任感，统一思想，坚定信心，坚持市场导向、应用导向，立足广州市场发达、科教人才资源丰富、国际化程度较高、产业基础较好和城市环境宜居宜业等优势，进一步明晰工作思路，找准发展目标、发展动力，创新体制机制，打破路径依赖，加快建设国家创新中心城市。

多项政策利好▷▶

企业每年最高可获科技创新券300万元

据了解，本次大会的一项重要内容，就是推出实施创新驱动发展战略的“1+9”系列政策措施：“1”为《中共广州市委、广州市人民政府关于加快实施创新驱动发展战略的决定》；“9”为细化落实纲领性文件的9份配套政策文件，其中，2份已于2014年出台，5份在本次大会上印发，还有2份将于2015年底前出台。

《企业研发经费投入后补助实施方案》是本次出台文件的最大亮点。广州将通过普惠性财税政策引导企业持续加大研发投入，由市、区两级财政根据企业上一年度研发经费支出额度，按经费少于1亿元、1亿—5亿元、5亿—10亿元和大于10亿元4个档次，分别给予不同比例的补助。据了解，补助比例最高可达企业研发投入的5%。

《对市属企业增加研发经费投入进行补助的实施办法》明确自2015年起，根据市属企业上一年度研发经费支出实际增长额度，按不超过20%的比例给予奖励性后补助。资金从每年国资收益超基数收入中安排，其中2015年不超过3亿元，2016—2017年每年不超过5亿元。

《广州市人民政府关于加快科技创新的若干政策意见》则提到了设立科技创新券。广州市科技创新委将编制并发布创新服务机构及创新服务目录，科技型中小微企业按照目录购买研究开发、产品设计、知识产权、科技咨询、技术检测、认证、高性能计算等服务的，可凭服务合同申请获取科技创新券，作为购买服务的支付凭证交付提供服务的机构。科技创新券最高可支付单项技术服务合同金额的30%，每家企业每年最高申请获取创新券总额不超过300万元。市、区（县级市）两级财政每年一次性按1：1比例分摊，向服务机构兑换创新券。鼓励广州地区科技服务机构为珠三角地区科技型中小微企业提供服务。

极飞无人机联合创始人易丙洪接受南方日报采访时表示，广州市政府推出的科研经费补助对于技术研发型创业团队有着非常重要的激励作用，尤其是科技创新券的设立。他告诉记者，根据现有政府对于企业补助资质评估体系，对有营收的企业帮助可能更大一些。“但往往初创型科技企业在没有取得市场营收前，很难获得研发资金补助，这个时候科技创新券就发挥作用了。”

暨南大学创业学院、互联网创新研究所所长汤胤教授也对科技创新券表示了肯定，认为是一种新的尝试，值得鼓励。此举有利于激励科研成果商业转化，使得科研成果更加“接地气”。

广州另外一家无人机公司亿航科技创始人熊逸放说，这些政策是普惠性扶持政策，对企业没有限制条件，只要你是科技企业，只要产生研发投入，就能按照相应的研发费数量级获得一定额度的补助。“科技创新是亿航的发展核心，因此我们的研发费用也将逐年增长，在一定程度上引导企业持续加大研发投入。政府出台投入后补助政策，无疑给这些研发占比高的创业企业吃了定心丸。”

培育创新主体▷▶

“一企一策”服务全市高科技企业

创新驱动发展战略和过去一般科技发展战略不同，不能只落到科技成果上，更要落到经济发展上，落到企业和产业上。

《促进科技企业孵化器发展的实施意见》着力打造广州市孵化器发展政策体系2.0版，推动实施科技企业孵化器倍增计划，全面支持建设面向中小微企业的综合性创新创业孵化育成体系，体现专业化、资本化、多元化的孵化器发展趋势。

在培育创新主体方面，广州市将制定“高新技术企业增长和培育计划”，按照科技创新企业、小巨人企业、高新技术企业的成长路线，加大力度做好企业创新能力培育工作。广州市科创委负责人透露，将摸清全市高科技企业的情况，做到“一企一策”，有针对性地培育。

未来两年，广州市将实施科技企业孵化器倍增计划，到2016年全市孵化器达到120家，孵化总面积达到800万平方米，2017年达到1000万平方米，打造具有全国影响力的广州孵化品牌。以广州校地协同创新联盟为平台，组建一批产学研协同创新中心，实施一批产学研协同创新重大专项。进一步加大对广州地区传统型和新型研发机构建设的扶持力度，支持中乌巴顿焊接研究院、中科院广州生物医药与健康研究院等共建研发机构建设，全力推进广州超级计算中心的应用推广和创新。

在大科技管理改革方面，广州市科创委负责人说，广州市科技部门将进一步简政放权，坚持用户思维，由“政府端菜”走向“企业和科技工作者点菜”，充分发挥市场配置科技资源的决定性作用，释放各类创新主体的活力。科技部门重点抓战略、抓规划、抓政策、抓监督，发挥专业的社会第三方机构作用，加强具体项目审核评价。

拓宽融资渠道▷▶

以市场化方式组建天使投资基金

金融是广州创新驱动的一个短板。记者获悉，广州将设立广州市科技金融服务中心，构建创业投资、信贷风险补偿、贷款贴息、科技保险等多层次科技金融体系，放大财政科技资金的杠杆效应。

《促进科技、金融与产业融合发展的实施意见》从创业投资、科技信贷、多层次资本市场、服务体系等四个方面，围绕孵化期、种子期、初创期、成长期等不同阶段科技企业的融资特点，通过科技天使投资基金、科技贷款风险补偿机制、科技金融服务体系等具体措施，推动科技创新与金融、产业融合发展。

其中提出，将设立广州市科技企业孵化器天使投资引导基金，按一定比例参股引导科技企业孵化器、社会投资机构等共同组建天使投资基金和种子基金，以市场化方式实现滚动发展，为在孵企业和项目提供融资渠道。同时，将优化广州市创业投资引导基金托管机制，逐年扩大基金规模，每年参股设立2支以上创业投资子基金。

中山大学教授林江表示，政策的支持，不仅可以缩短孵化器投资者的投资回报周期，推动各类资本投身于孵化载体建设中，提升广州市孵化载体建设的规模和速度。而且，营造创业投资集聚发展氛围中，政府特别强调市区、政企、国资与民资的互动、联动，不再是政府唱独角戏。

■广州创新“牛企”谈创新

检验创新的标准是市场认可

“检验科技创新的标准不是拿几个科学奖，而是市场客户的认可，科技创新最终的检验标准就是能形成产业化，能在市场上把国外竞争者PK下去才是硬道理。”在广州科技创新大会上，三位创新型企业代表走到前台介绍背后的创新“秘籍”。

广州佳都集团有限公司董事长刘伟表示，一般而言，科技类项目资金投入大，回报周期长，成功率低，只有15%左右，投资风险相对较高。然而，科技研发所需的大量资金从何而来，很多企业选择向政府要补贴，而佳都集团把目标锁定了市场，募集资金高达20亿元。“与此同时，运用资本市场收购、兼并的模型，补足整个公司在技术板块的缺陷，快速扶持我们的产业链和生态圈发展。如研发初期，几个大股东通过资本市场融资投入技术研发，近期再通过资本增发引进战略投资者，集资投入到科技产业中。”

“技术创新要耐得住寂寞。”广州无线电集团董事长赵友永说，技术创新，尤其是自主创新是一条艰难的路。面对国际竞争对手的技术壁垒，以及各种赚快钱的诱惑，必须有坚韧不拔的意志，潜心研发。

技术创新还要顶得住压力。“压力来源于企业短期赢利能力和持续发展能力的平衡。”赵友永说，“ATM 中国芯”的研发奋斗了5年；在北斗导航领域，连续10年只见投入没有产出。集团每年研发投入占同口径营业收入8%以上，2014年超过6亿元。在无线电集团内部，流行着这样一句话“省了技术创新的钱，就是断了明天发展的路”。

■专家观点

错位发展优势互补，引领珠三角创新发展

上周，我省公布《加快推进创新驱动发展重点工作方案》，提出广州要发挥创新发展的龙头带动作用，连同珠海、佛山、惠州、东莞、中山、江门、肇庆市等七市共同创建珠三角国家自主创新示范区。

暨南大学教授胡刚表示，作为省会城市、华南区域中心城市、全省科教龙头，广州在科技创新大会上拿出一系列实际行动，引领珠三角创新驱动发展。胡刚认为，广州是珠三角传统中心城市，科教基础较好，要发挥中心城市交通信息便捷优势，以更加包容的心态，把科研成果转化为珠三角的创新力、生产力。

广东省社会科学院区域与企业竞争力研究中心主任丁力认为，“1+9”科技政策体系的出台在一定程度上弥补了广州科技创新领域的短板。他坦言，广州创新不缺人才、资源，但在商业模式和制度环境上仍需优化、加强。丁力分析，制度环境优化中，一是转变政府职能，二是打造公平竞争的法治环境。“广州要创新，没有法治作为必要条件是很难达到的。”他认为，只有让企业、人才感觉到这个地方“法律最大”，才能真正地把市场的优势发挥出来。

广东省综合改革发展研究院副院长彭澎认为，“1+9”科技政策覆盖面较广，称得上是“系统工程”，对广州科技创新是强有力的支持。彭澎建议，广州应在体制机制改革上多下功夫，鼓励民间力量、社会资源参与，增强城市吸引力，使得创新企业在广州各个地区、各个领域筑巢建窝，引凤育鸟。

彭澎表示，广州要把创新重心放在发展创新发动机、要素整合平台、合作交流中心的位置上，这样与珠三角其他城市形成错位发展、优势互补、兄弟合作、产业联动的关系，珠三角国家自主创新示范区将在广州的引领下取得真正成功。

■企业点赞

期待把广州建成科技创新的沃土

广州市科技创新大会的召开，“1+9”科技创新政策的发布，得到不少创新型企业的响应。

亿航无人机创始人熊逸放表示，营造一个良好的创新、创业氛围，是一个系统工程，主要是对三方面进行培育建设：企业、企业家（创业者）以及相关服务商，包括投资基金、孵化器等。他认为，此次广州市委、市政府出台的“1+9”创新政策体系很有前瞻性，将对广州科技创新发展有重要的推动作用，把以上三方面都纳入了扶持范围。“我们都非常期待下一步政策的具体实施，期待把广州建设成为中国乃至世界科技创新的沃土。”

极飞无人机联合创始人易丙洪表示，广州推出的科研经费补助对于技术研发型创业团队有着非常重要的激励作用，尤其是科技创新券的设立。他告诉记者，根据现有政府对于企业补助资质评估体系，对有营收的企业帮助可能更大一些。“但往往初创型科技企业在没有取得市场营收前，很难获得研发资金补助，这个时候科技创新券就发挥作用了。”

广州市“1+9”科技创新政策	
1	《中共广州市委、广州市人民政府关于加快实施创新驱动发展战略的决定》
2	《广州市企业研发经费投入后补助实施方案》
3	《广州市人民政府办公厅关于促进科技企业孵化器发展的实施意见》
4	《广州市人民政府关于促进科技、金融与产业融合发展的实施意见》
5	《广州市人民政府关于加快科技创新的若干政策意见》
6	《关于对市属企业增加研发经费投入进行补助的实施办法》

7	《广州市人民政府关于促进新型研发机构建设发展的意见》
8	《广州市关于落实创新驱动重点工作责任的实施方案》
9	《广州市“羊城高层次创新创业人才支持计划”实施办法》
10	《广州市促进科技成果转化实施办法》

撰文：曾妮　郑佳欣　彭琳　张西陆　陈思勤

三、广州：创新厚积薄发　龙头作用凸显

6月2日，广州市召开科技创新大会，出台鼓励科技创新的“1+9”政策文件，宣布广州市在科技创新方面进一步发力。

在省委省政府规划的“1+1+7”珠三角国家自主创新示范区中，广州市被赋予“创新发展的龙头”定位，要发挥龙头带动作用。

当好龙头，广州有坚实的基础。近年来，广州不仅培育出亿航、巨杉软件、尚品宅配等一批互联网时代的“快公司”，在新技术革命涉及的智能装备、生物医药、新材料、新能源产业等领域也布局多时，一批龙头企业研发实力居世界领先地位，即将进入爆发增长期。

在科教、产业、文化领域积淀深厚的广州，承担着向创新驱动转型和带动全省创新发展的重任。以“厚”发力，是广州科技创新的显著特征。

●撰文：曾妮　马喜生　赵琦玉

广东智能制造的驱动者

给珠三角制造业插上腾飞翅膀

在佛山南海里水胜利工业园志高空调工厂，来自广州数控的机器人颠覆了整条生产线。志高空调生产工艺部科长罗伟峰说，未来三四年，随着400多台定制化生产的机器人上线使用，工厂安装配套车间的四五千工人将会重新调整，估计会缩减近2000人。

志高空调生产线使用的搬运机器人，源自全国工业机器人龙头企业——广州数控。2014年，广州数控工业机器人产量突破1000台，居全国之首。“广数”机器人不仅走进了志高空调、美的集团等珠三角多个制造企业，还销往香港、深圳、广州、上海、江苏、浙江、重庆乃至越南等地。

2006年底，广州数控开始研发工业机器人。当时“广数”已经在数控系统和机床生产领域有很高的市场地位，机器人研发实则要冒不小的风险。公

司最终选择机器人研发，是基于对中国制造业发展的判断：中国正告别人口红利时代，这一因素与工业自身发展规律共振，使工业发展必定加快向自动化、智能化转型。

机器人是工业4.0到来的指征之一，同时也是实现“中国制造2025”计划的重要工具。

一场看得见的“机器人风暴”正在席卷珠三角。由于用工成本的不断攀升，佛山许多龙头企业将目光转向了“机器换人”。东莞2014年也全面启动“机器换人”计划。

广州正在成为“机器换人”的风暴眼。数据显示，广东机器人制造和智能装备总产值2015年有望达到380亿元，其中广州有望达到200亿元左右。根据广州市的规划，到2020年，广州以工业机器人为核心的智能装备产业集群产值将突破千亿元。

广州开发区是机器人制造和智能装备产业的聚集区。2014年，该区已集聚48家智能装备企业，其中机器人制造领域拥有广州数控、启帆、粤研等一批企业，形成了从机器人上游关键零部件、中游整机到下游系统集成的完整链条，竞争力颇为强劲。

广州缘何成为广东乃至华南机器人制造和智能装备产业的“风暴眼”？这一方面得益于广州多年来在装备和机械领域的积累，广州数控原本就是国内数控机床的领导企业；另一方面，广州科研实力雄厚，相关领域基础研究延续多年，如生产“广研”牌机器人的广州机械科学研究院本身就是一家科研机构转型企业。

下一轮技术革命的赶潮者

抢占生物技术新材料爆发风口

当“互联网+”已经“风口”遍地时，生物医药产业还处于“暴风雨前夜的寂静”中。

2004年前后，一批留学海外的生物学家回国创业。受广州留交会的影响，他们不少人把创业主场设在广州，尤其是广州科学城。

2004年，基因沉默领域专家、美国麻省大学医学院分子医学系研究室主任、博士生导师张必良携妻带子回到中国，创办了锐博生物。张必良告诉记者，依靠研发和生产各种生物医药试剂，锐博生物在创立的第三年就实现了盈利，但直到2015年，他的第一个核酸药才进入临床试验。如果实现量产，有望实现数十亿元的年销售额。

生物医药可能是新一轮技术革命“皇冠上的宝石”。一个生物医药企业的孵化期长达5到10年，研发一种新药要投入数以亿计的研发费用。一旦药品投产，其市场销量又往往以10亿元为基数起跳。

从2003年起，广州市投入数十亿元，把珠江后航道上的官洲岛打造成广州国际生物岛。此后，生物岛这片“处女地”沉静了差不多10年，甚至有人质疑：“生物岛什么时候才能开花结果?”

十年磨一剑。多年的耕耘终于开始收获。2015年，广州生物医药集群捷报频传，多个产值亿元以上的生物医药产品年内有望取得重大突破，其中包括冠昊生物的人工角膜、锐博生物的首个核酸药、达安基因的基因测序分子诊断项目……

随着生物医药企业成长壮大，广州国际生物岛也热闹起来。专注肿瘤个体化治疗的益善生物在生物岛星汉一路拿地，研发总部即将动工。不远处，云润生物研发总部、鹰仕达生物研发总部等项目进入筹建阶段，军事医学科学院华南干细胞研究中心、广药医药研发及销售总部已入驻，目前生物岛集聚生物医药项目96个。

尽管信息技术革命领跑了21世纪的前15年，但新材料、新能源、生物医药领域的革新或许将给未来带来更深刻的影响。比如，美国页岩气开采技术取得突破，就引起了全球石化能源价格的波动和新一轮全球博弈。

值得高兴的是，目前在生物医药、新材料等领域，广州企业的实力在许多方面基本与国际领先水平同步。新材料方面，金发科技作为全球改性塑料上游龙头企业，2014年营业收入突破200亿元；新能源方面，广州迪森热能是国内生物质能领域最早的上市企业之一。广州在生物医药、新材料、新能源领域的提前布局，有可能引领广东赶上下一个技术革命爆发期。

源头创新性产业的辐射者

让美国“害怕”的广州云超算

2015年4月9日，美国商务部发布报告，决定拒绝英特尔公司向中国的国家超级计算广州中心出售“至强”芯片用于天河二号系统升级的申请。对于原因，美国方面给出的解释是这4家中国超算中心从事违反美国国家安全或外交政策利益的活动。

“我能想到的真正原因，是美国害怕我们的云超算了。”广州超算中心主任袁学锋在接受记者采访时说。

2014年，广州超算中心“天河二号”超级计算机以每秒33.86千万亿次的浮点运算速度，第四次摘得全球运行速度最快的超级计算机桂冠。

许多人不太了解超级计算机跟经济生活的关系。有两个例子很能说明问题。

广汽研究院是“天河二号”的用户之一。2014年，在超级计算机的帮助下，某个原来需要两至三年的新车型设计，缩短到5个月完成，并可模拟实现优化设计、防撞性能测试等，大大节约了成本。缩短产品研发周期、加快上市速度是企业在激烈竞争中获胜的不二法门。对于广东企业来说，超级计算机无疑是一个“大杀器”。

华大基因计划与广州超算中心合作，开展百万人基因测序，为基因精准医疗打下基础。袁学锋说：“这是新的产业，美国都还没开始。广州有一流的超算、一流的医院，中山大学八大医院每年接诊病人1200万，手术病例30万，这是巨大的数据库，拿到这个数据，我们对生命健康医疗将获得领先全球的深刻认识。”

广州将在超算中心周边规划建设100万平方米的云超算产业园。袁学锋说，广州有了云超算驱动，未来有可能是硅谷的强劲对手，超算可以让中小企业获得爆发性增长。

广州是华南科技研发资源最丰富的城市，聚集了广东省2/3的普通高校、97%的国家重点学科和全部国家重点实验室，研究成果和科研基础设施向产业辐射的能力不断加强，“源头创新”开始发力。

广东工业大学在广州大学城设立的“广州国家IC基地”几乎整合了全广州最优秀的IC设计公司，也汇聚了IC设计的高端项目和产业精英。广工信息工程学院院长章国豪率领团队研发的4G芯片应用于中兴智能手机，引起业界广泛关注。除此之外，广工还建设了东莞华南工业设计创新院、佛山市装备创新院，三个亿元级投资的重大协同创新平台，把大学与产业界深度融合在一起。

广州与62家高校、研究机构联合建立“校地协同创新联盟”，2014年共征集校地协同创新项目近300个，覆盖汽车、新材料、新能源等多个产业领域。

新一代电商的开路者

千年商都血液流进电商网络

2015年5月底，广交会所在地的琶洲A区拍出10个地块，价值近100亿元。真正让人津津乐道的是未来进驻企业的名称：腾讯创新产业基地项目、阿里巴巴华南营运中心、复星集团南方总部、国美电商、苏宁易购、小米手机、唯品会、UC、YY等。这些要跟广州一起“玩耍”企业代表着当下电子商务和互联网思维潮流。

琶洲A区被定义为广州的“电子商务和移动互联网产业总部示范区”，未来3－5年内将培育成千亿元级的产业集聚区，其集聚的科技将为千年商都注入新鲜的血液。

千年商都如何嫁接现代科技再次腾飞？最近广州一家电商引起广泛关注。2015年4月20日，“一呼百应”原材料阳光采购商城全面上线，主打中小企业供应链原材料采购。一呼百应相关负责人说，公司准备用5到10年的时间，成为与百度、阿里并驾齐驱，市值千亿的互联网企业，同时公司正在筹备在新三板挂牌。

中国电商发展的轨迹是：第一代，以阿里巴巴为代表的B2B；第二代，以淘宝为代表的B2C。而电商的未来十年，或许将是以“一呼百应”为代表的B2B2.0。据统计，B2B交易额占中国电子商务总体交易额的八成，这也是B2B大热的原因。

一呼百应、阿里巴巴和慧聪最大的不同，是真正实现了原材料线上采购。让采购商把原材料采购环节搬到网上，有利于企业采购的阳光化，同时线上交易也有助于其建立更强的供应商库。一呼百应相关负责人告诉记者，公司2015年的目标是交易流水达到100亿元。

据了解，目前一呼百应注册用户已超过550万，其中三分之一的用户是珠三角的制造业企业。珠三角制造业的发达，给一呼百应这类 B2B 电商市场拓展提供了不小的便利。

作为千年商都的广州，一贯拥有敏锐的市场嗅觉。“一口通商”时期的广州，早在明清就形成“万邦来朝”的贸易盛况；拥有 58 年历史的广交会一直是中国出口商贸风向标。商业血液接入电商科技，再加上珠三角发达的经济腹地，给广州振兴“千年商都”带来了新希望。

短评

厚重：

广州引领珠三角

创新驱动的底色

“轻和快”似乎已经成为新经济最时尚的逻辑。然而，“轻”和“快”是创新和转型固有的逻辑吗？恐怕并不尽然。比如在新能源、新材料和智能制造领域，企业能舍弃工厂，让设备变“轻”吗？答案是否定的。

与“轻快”相比，广州更多的是“厚重”。尽管 2014 年广州有 8 家入选美国商业杂志《快公司》（中文版）“中国最佳创新公司 50 强”企业，广州上榜企业数量仅次于北京，但“厚重”仍是广州的底色。

广州的“厚”，体现在广州的科研实力特别是基础研究的实力。广州聚集了广东省 2/3 的普通高校、97% 的国家重点学科和全部国家重点实验室，全球最快的超级计算机“天河二号”也落户在广州，广州是华南科技研发资源最集中的城市。广州的“厚”，更体现在历史文化和商业文化的积淀上，一座两千多年来兴盛不衰的港口城市、商业城市，广州在全球城市发展史上都是重要的一页。

广州的“重”，体现在广州的产业基础和发展条件上。广州目前拥有六个过千亿的制造业集群，分别是汽车、石油化工、电子产品、重大装备、生物与健康、新材料与高端制造，是珠三角制造业集群的龙头，引领转型使命重大。

一个企业可以追求“轻快”，乃至一座城市可以追求“轻快”，但一个国家不能，一个代表国家参与未来产业竞争、一个影响辐射华南区域的功能城市也不能。“厚重”的转型虽然艰难，虽然漫长，却是必须勇于承担的责任。

近日，广东省委省政府出台的《加快推进创新驱动发展重点工作方案》（2015－2017年）中明确，深圳市要加快建设国家自主创新示范区，广州市要发挥创新发展的龙头带动作用，连同珠海、佛山、惠州、东莞、中山、江门、肇庆市等7个地级市共同创建珠三角国家自主创新示范区，形成“1＋1＋7”珠三角国家自主创新示范区建设格局，建成国际一流的创新创业中心。

广州这个广东乃至国家创新发展的龙头不容易当。要继续加强基础研究，跟上并超过国际领先水平；要打破“产研两张皮”的怪圈，打造“政产学研金”合作的创新体系；要利用功能中心的优势，集聚更多创新人才和创新要素；要加强战略性新兴产业集群发展，辐射带动周边区域；要实现产业输出、技术输出、人才输出，带动珠三角制造业向中国制造2025升级。

欲当“龙头”，必承其“重”。广州的创新发展和转型升级事关全省全国，我们寄予厚望的同时又充满期待。曾妮

四、寻找风口上的广州创新样本

建设互联网创新集聚区的琶洲计划浮出水面，阿里巴巴、腾讯、小米、唯品会、复星等一批互联网龙头企业有望汇聚琶洲，成为广州城中的热门话题。

在暨南大学教授胡刚看来，互联网创新集聚区布局在广交会展馆所在的琶洲，背后是传统商贸与电商元素的对接，以电商为媒集聚商贸业优势，将推动互联网与传统产业深度融合。

这是广州加速推进创新驱动发展战略的重磅措施之一。上周，广州科技创新大会落下帷幕，“1+9”系列创新政策措施公布，广州的创新发展正在探路而行。

●撰文：郑佳欣

互联网+千年商都　激活创新要素

在省委省政府规划的“1+1+7”珠三角国家自主创新示范区中，广州被赋予“创新发展的龙头”定位，要发挥龙头带动作用。

沿着自主创新的方向，珠三角各城市前行的脚步越行越稳：广州打造体制创新、机制健全的国家区域创新平台，深圳涌现大批创新明星企业，佛山与德国合建工业园，珠海、东莞等地制造业企业掌握越来越多的专利技术……珠三角在自主创新方面正走在全国前列，更体现出很强的产业联动、协同创新的格局。

胡刚分析说，在珠三角的创新格局之中，广州发挥中心城市作用，当好创新领头羊，拥有诸多有利条件。广州身为国家中心城市，经济综合实力强，基础设施完善，城市功能齐全，制造业基础厚实，服务业尤其发达。同时，广州集结了全省70%以上的科研机构、科技人员，97%的国家重点学科、80%的高校和95%的博士，拥有重点实验室和工程研究中心的数量居华南地区之首。

如何激活集聚在广州的创新要素，转化为创新发展的澎湃动力？广州集聚科技创新资源的布局正在浮出水面，打开人们对于未来的巨大想象空间。

广州将重点把南沙新区、广州开发区、中新广州知识城、增城经济技术开发区等打造成为科技创新示范区，把琶洲地区建设成为互联网创新集聚区。微信、阿里巴巴、小米、唯品会等诸多知名企业有望入驻琶洲的消息被人们津津乐道。

“商贾云集，洋货如山”，广州一直是闻名于世的通商口岸，清朝十三行所在地曾是全国对外贸易的商务区。从 1957 年起，在广州举办的中国进出口商品交易会成为中国与世界各国贸易交流最高级别的盛会。如今，在广交会展馆所在的琶洲，商贸重地嫁接互联网新技术，电商与实体经济融合发展的未来，不仅是广州的期待，更是珠三角制造业的期待。

嗅觉敏锐的企业家早已先行一步。砍掉工厂，砸掉政府采购的“金饭碗”，用互联网方式革了自己传统办公家具制造企业的命，酷漫居从零开始打造以儿童动漫作为卖点的互联网家具企业，打造线上线下融合的闭环 O2O 电商模式。

亿航无人机联合创始人熊逸放则在想象中国“智造”出海的未来。作为海上丝绸之路的重要发祥地，广州今天与世界 220 多个国家和地区形成了密切的经贸文化往来，吸引了包括 236 家世界 500 强在内的 1 万多家跨国企业投资兴业。

有专家建议，在一带一路的国家战略下，广州可以利用整合国际创新资源，将海上丝绸之路打造成一条创新之路。

“政策包”发力　创新创业活力激荡

广州要设立市科技创新券，科技型中小微企业可购买研究开发、产品设计等服务，鼓励广州地区科技服务机构为珠三角地区科技型中小微企业服务……这一来自《广州市人民政府关于加快科技创新的若干政策意见》的制度设计，让创客倍感兴奋。

“往往初创型科技企业在没有取得市场营收前，很难获得研发资金补助，这个时候科技创新券就发挥作用了。”极飞无人机联合创始人易丙洪说。

广州一系列创新“政策包”逐渐发力，倒逼着这座城市里的管理者转变观念，也激励着创新者加快前行的步伐。

在市场活跃、需求旺盛的广州，大批科技型中小企业和创新型企业正在像雨后春笋般成长。观察人士发现，这些企业以科技为驱动力，拥有自主知识产权，拥有核心技术，不畏国际国内竞争，正在成为未来广东产业转型的有生力量。

美国最具影响力的商业杂志《快公司》推出的“2014年中国最佳创新公司50”榜单，广州有8家企业入选，数量仅次于北京。酷漫居、YOU+国际青年社区、巨杉数据库等一批充满活力的企业，成为广州创新的杰出代表。

最近一个月来，南方日报记者深入走访这些坐在风口上的广州创新样本，深刻感受到来自一线的广州创新创业活力：

——由旧牙膏厂改造而成的广州海珠区凤凰新村的YOU+国际青年社区开业仅仅两年，成了全国青年公寓的朝圣地。YOU+以广州为基地在北上广深快速连锁扩张，建立青年创业社区，吸纳青年才俊在社区创业，变身新型孵化器。

——从2014年4月成立至今短短1年时间，亿航科技已从最初的四五个人成长为百人的团队，公司估值翻了25倍，火箭般的发展速度来自背后的技术创新。亿航科技旗下无人机Ghost可以完全由智能手机控制，完成所有的飞行动作操控，这也让每一个普通人可以轻松操纵无人机。

——立志打造全球第一B2B阳光采购平台的一呼百应，让采购商把原材料采购环节搬到网上，有利于企业采购的阳光化，同时线上交易也有助于其建立更强的供应商库。一呼百应相关负责人告诉记者，公司希望可以用5到10年的时间，成为市值千亿的互联网企业。

…………

创新企业群的快速生长，创客的不断涌现，这座以开放包容著称的国家中心城市逐渐形成创新创业的浓厚氛围，创新驱动引擎正在全速开启。

五、广州“聚核”建设创新发展龙头

●撰文：郑佳欣

张西陆　朱伟良

本月20日，位于广州市中心、广州国际会展中心旁边的琶洲互联网创新集聚区将再度开拍5宗商业地块。人们纷纷猜测，在腾讯、阿里巴巴、国美、复星、唯品会等巨头抢滩登陆后，下一个入驻者会是谁?

把大片市中心最为优质的土地资源拿出来，广州以这样的大气魄向互联网企业敞开大门。琶洲互联网创新集聚区的快速崛起，是这座国家中心城市以开放的理念激发各类创新主体活力的一个缩影。

6月以来，广东省科技企业孵化器建设工作现场会、广州科技创新大会接连在广州召开。在开放创新的浪潮之中，作为珠三角创新领头羊的广州正在让国际、国内高端创新要素在这里集聚配置，大幅提升城市研发创新能力和辐射力，带动整个区域成为开放创新的台风口。

互联网+千年商都

琶洲开门求创新

狭长的琶洲岛曾是古代中国和西方文明交汇的起点，也是海上丝绸之路的起点。这里见证了千年商都的荣耀。伴随着“互联网+”的兴起，琶洲被市场赋予了全新的时代使命——在会展的基础上向互联网创新集聚，这里将成为广州城市创新战略布局的中心。

面对着崭新的规划蓝图，广州市工信委相关负责人信心满满地说，琶洲将发挥总部的集聚效应，推动相关总部企业发挥集聚功能，吸引其研发、销售、结算等核心业务尽快归集广州。

翻开琶洲千亿级互联网创新集聚区的规划，人们发现，围绕入驻琶洲的互联网巨头，一个类似中关村创业大街的布局浮出水面，咖啡馆、行业协会、书店等配套将与互联网创业者的需求恰好契合，创业者们端着咖啡热烈讨论项目、头脑风暴的场景有望在这里出现。

在琶洲互联网创新集聚区里，预计未来将有 8 万名高端人才在此就业，而每一家大型企业将带动 50—100 家相关企业向总部区聚拢。

这也是关注广州发展的人们所期待看到的。广州市工信委相关负责人说，下一步，琶洲将发挥集聚区孵化功能，推动集聚区进一步优化发展环境，创新服务模式，拟成为互联网和电子商务创新型企业孵化器，为其提供良好的创业环境。

琶洲短短时间内吸引了诸多全国、广州本土的互联网创新巨头聚集，也侧面反映出市场对这座城市的追捧。暨南大学管理学院教授胡刚说，作为千年商都的广州有深厚商贸沉淀，坐拥中国第一展广交会强大的影响力，在“互联网+”时代，广州如果能够抓住电商机遇，凭借“会展经济”和“总部基地”的双擎驱动，可望一跃成为与世界接轨的窗口。

在专家看来，开放的市场将促进创新，一旦通过市场化的驱动使新一轮技术革命和产业革命在这里交汇突破，特别是基于互联网技术创新的突破，可能会形成新兴的产业集群，带动经济爆发式增长。

除了琶洲，广州还在每一个区分层次、分梯队建立一批互联网和电子商务集聚区产业基地。这些创新集聚区肩负着这座国家中心城市产业跃迁的使命，如能真正形成内外创业、内外孵化的体系，将是广州贡献给开放型经济体系构建的一道值得思考的命题。

科教资源汇聚当好创新领头羊

除了“互联网+”与会展业、商贸业的融合，作为珠三角创新领头羊的广州还需要集聚更多的创新资源，为珠三角的制造业提供支撑和服务。在省委、省政府规划的“1+1+7”珠三角国家自主创新示范区中，广州的定位是“创新发展的龙头”。

在加速创新的背景下，广东前不久吹响了高水平大学建设的号角。近水楼台的广州，有望进一步汇集各种创新要素。

数据显示，广州拥有普通高等院校 79 所，独立研究机构 141 家（不含区级），分别占全省的 70% 和 58%。至 2014 年底，已经形成较为完整的实验室体系，聚集了广东省全部国家重点实验室17家、97%的重点学科。

2014年，福布斯中国大陆最具创新力的25个城市中，广州排名第9，较2013年上升10位；国际学术期刊《自然》2014年底发表的《2014自然指数中国增刊》评选出中国十大科技领先城市，广州排名第9；中国城市竞争力研究会中国城市科技竞争力排行榜中，广州排名第4。

在珠三角的创新格局之中，科教资源丰富的广州发挥中心城市作用，当好创新领头羊，重任在肩。

“广州在新一轮的创新驱动中如何定位，如何发挥中心城市地位和作用，是迫切需要解决的课题。”在广州市科创委主任马正勇看来，把金融、工业、信息等各方面力量形成系统工程，创新驱动才有实质的抓手。

在2015年6月召开的广州科技创新大会上，广州“1+9”科技政策体系亮相。广州要设立市科技创新券，科技型中小微企业可购买研究开发、产品设计等服务，鼓励广州地区科技服务机构为珠三角地区科技型中小微企业服务……一系列制度设计，让创客们倍感兴奋。

这也吸引着一批怀揣梦想的创客到广东寻梦。7月初，“一号外卖”获得3000万元融资。在广州创新外卖O2O，这也是创客谭小平的第四次创业，他的目标是从广州出发，明年进驻深圳继而北上。“这里互联网人才、总部企业富集，高楼林立、白领众多，我们从没想过离开。”

广州市科创委相关负责人说，广州将积极推动转变政府科技管理职能，大力实施简政放权，充分发挥市场配置科技资源的决定性作用，释放各类创新主体的活力。

培育科创新动力孵化器启动倍增计划

创新最重要的是培育新的产业增长点，吸引新的创业创新团队加入其中，作为创新载体的科技企业孵化器是其中不可或缺的一环。7月22日，全省科技企业孵化器建设工作现场会在广州科学城召开。到2017年，全省建成孵化器超过500家，在孵企业超过4万家，累计毕业企业超过1万家。

诞生过广东省首家科技企业孵化器的广州，是全省科技企业孵化器布局中的重镇。2011年至2014年，广州科技企业孵化器翻了接近一番，孵化器总数达到85家。这里培养了大批广东的明星企业，益善生物、锐博生物、冠昊生物、达安基因等从孵化器起步，并成长为行业龙头、上市企业。

现在，广州提出了新一轮孵化器倍增目标：到2016年，全市孵化器达到120家，在2011年基础上翻两番，在孵企业1万家，提供就业岗位10万个。

南沙佰仟万企业孵化器总经理杨川感受到了风口上的强劲风力。作为南沙先期“登陆”者，佰仟万企业孵化器与全省46家高校形成了合作关系，凡是有创业梦想的青年都可以在此得到创业建议和商业构想的帮助，以及市场推广、企业代办等多方面的服务。

2015年4月，许国梅进驻青年创业就业孵化基地，她正在搭建一个名为“萌娜丽莎”的平台，为服装设计师和制造企业提供一站式服务。众创空间集聚的资源令“萌娜丽莎”获益匪浅：出身于美术科班的许国梅不懂摄影技巧，情急之下跑到楼上一个摄影团队，抛出“资源置换”的概念，双方一拍即合。更大的得益来自于资本的青睐，在重新调整方案、增设服装大赛项目后，“萌娜丽莎”以部分股权代价获得几十万元投资。

“任何一个草根的创业梦想，都希望有人帮忙出出主意。”杨川说，众创空间的功能就是为创新共享市场资源，把创新引向现实。

2014年下半年，国家推动“大众创业、万众创新”以来，广州涌现出了以创新谷、创客街、YOU+社区、一起开工社区、中大创新谷等近30家不同模式、不同形态的众创空间。

创新创业热潮也正在兴起。来自广州市发改委的数据显示：2015年上半年，广州发挥创业投资引导基金的撬动作用，扶持建设创业基地243个，促进创业人数1.4万人，创业带动就业6.58万人。

六、创新样本　酷漫居用“互联网 + 文化”改造传统家具业

“全国家具看广东”，这是家具业流传已久的说法。而今，不少广东家具企业正面临着巨大的转型挑战。

酷漫居动漫科技有限公司董事长杨涛是转型浪潮中的先行者。2008 年，杨涛所创办的“力盟家具”已经占据广州办公家具 40% 的市场份额，当他选择砍掉工厂、砸掉政府采购的“金饭碗”时，遭遇了无数的质疑和反对。

用互联网的方式革掉自己的命，拿下迪士尼品牌形象授权，酷漫居从传统家具产业逐渐转型为文化创意产业与儿童居室环境相结合的轻资产公司。

2013 年，酷漫居开始第二次自我“革命”。大幅缩减线下门店的数量，开始转为线下体验店，改变旧有分级代理模式，线上线下实现同产品，同价格，同服务，同体验，同支付，改变传统家具业靠批发零售差价做生意的粗放模式。

“消费者能在网上比较价格，只有好的体验服务才能吸引他们。”杨涛说，店网一体化、店网整合的商业模式，才是中国家居行业转型的方向。

“互联网 + 文化”改造传统制造业的酷漫居凭借创新能力，入选美国著名商业杂志《快公司》评选的“2014 中国最佳创新公司 50 强”榜单，成为广州入选的八家创新企业之一。

“互联网 + 传统企业”的运营模式会遇到哪些问题？传统企业如何抓住互联网转型的“痛点”，如何打通互联网转型的“最后一公里”？带着这些问题，南方日报记者走访了广州市酷漫居动漫科技有限公司，试图从它的发展历程中，找寻传统企业“互联网 +”转型的关键所在。

个性化定制儿童家居　线下线上同产品同价格同服务

迪士尼的经典动漫形象米奇在门口笑脸相迎，木制的儿童床上摆放着维

尼熊、唐老鸭等玩偶，墙上挂满各种卡通形象的钟表、挂画，收纳柜、书柜、组合斗柜上都陈列着动漫形象的摆件。孩子们爬上各种可爱舒服的小沙发、儿童床，或在玩具房欢乐地玩耍。

在广州购书中心的酷漫居儿童家具体验店，每个角落都可以成为孩子们的乐园。对一同前来挑选儿童床、书柜等儿童家具的家长而言，在这里的体验时间也成为父母与孩子的亲子时光。

目前，酷漫居的线下体验店有170多家，覆盖北京、上海、广州等60多个城市。体验店的布局还将继续扩张，计划年内达到300家。

“请问有什么可以帮到您?”一见到有顾客进入，店长曾航娣便笑眯眯地询问。80后的她已经是店里年纪最大的员工，其他店员大多是90后，“这是为了使门店保持活力的氛围。”

眼看顾客对某款儿童床很感兴趣，曾航娣便拿出手机，扫描儿童床一角的二维码，屏幕便立刻弹出商品的性能、材质、大小等信息。“体验店里放不下所有家具，顾客可以扫描二维码浏览产品信息，也可以通过官网进行查询，再到店里体验部分实物，以决定是否购买”。对于想要购买又不知如何设计儿童家居的顾客，曾航娣会带他们到店里的电脑前介绍。

这里有专门的设计人员，他们会免费上门量尺寸，免费设计儿童房。利用内部开发的云端设计系统生成虚拟房间和家具，按照客户需求仔细布置房间家具和调整位置后，7个工作日之内，客户就能拿到房间的平面设计图、报价图以及效果图了。

如果不能亲自到店里，家长还可以通过微信、官网、APP等平台向设计员提出设计需求。“我们很多服务是不分线上线下的，线上线下享受的是同产品，同价格，同服务，同体验，同支付的酷漫居产品。”负责品牌管理的李雪胭说。

酷漫居在“互联网+”转型之路上的新探索让人眼前一亮。谁能想到，就在7年前，杨涛还在传统家具产业的红海中被转型的烦恼困扰。办公家具领域没有品牌，光靠政府关系打开零售通路，加上传统办公家具厂采用工程类运作方式，管理粗放，不重视设计，无法贴近消费者的需求……杨涛看不到发展前景。

2008 年前后，许多企业开始涌入儿童家居领域。杨涛敏锐地发现，儿童家居市场份额一年有几十亿元，却和其他传统家居行业一样，没一个叫得响的品牌，光靠低价占领市场。

“儿童时期的心理特点是与动漫文化密切结合的。儿童家居要让孩子接受、家长认同，可从动漫形象入手”。杨涛第一时间想到了迪士尼。要想打动迪士尼并不容易。杨涛和设计团队花了近半年时间做出了上百页的商业计划书，用迪士尼的动漫品牌形象设计出八十多款儿童家居配套方案，拿下迪士尼公司中国儿童家具商品生产总授权的逆袭故事堪称传奇。

站在迪士尼品牌这个“巨人”的肩膀上，2008 年底，“酷漫居”正式更名，把生产制造环节剥离外包，专注于设计和品牌运营，集中精力转型为文化创意产业与儿童居室环境相整合的轻资产公司。

“广东是全中国出口家具最多的省份，拥有很多产能，品质也不错，恰恰是缺乏订单以满足其制造能力，同时也缺乏创意设计和销售通路”。说起砍掉工厂的勇气和初衷时，杨涛说，酷漫居把制造资源进行了整合，“工厂释放产能，我们对产品质量进行管控，发挥创意设计和品牌运营的优势”。

打通网上销售“最后一公里”　把家具拆成“大积木”

经过两年的探索，杨涛发现了新的趋势：妈妈们越来越年轻了，85 后、90 后的妈妈也大有人在。

“新一代家长是伴随着互联网成长的，消费逻辑跟过去完全不同。”杨涛说，年轻的妈妈更愿意通过互联网了解和挑选产品，而不是花大量时间逛家具店。

“传统家具业如果不积极拥抱互联网，就会跟消费者割裂。”杨涛深有感触说。

2011 年，酷漫居入驻天猫商城，经历了第一次“双十一”狂欢，线上销售额达 100 万元。大量的订单却带来更为棘手的问题——传统家居制造业的交货时间长达 1 个月，对已经习惯了 1 周内交货的互联网消费者来说，非常不合理。

第二个麻烦是物流。传统的家具都是整车运输，能够保证货物质量，但网购货物基本是全国各地分散运输，单件货物的运输很野蛮，家具容易砸坏。即便货物运送完好，却又面临消费者不懂安装的问题。当时酷漫居没有上门服务人员，当地代理商又因为被网店分去利润而不愿意配合上门服务。

一系列问题导致消费者的评价一落千丈，酷漫居花了两个月的时间才解决售后问题，线上经营一度陷入僵局。

现实的挫败感迫使酷漫居开始考虑改造产品，重新做了用户调研后，他们发现对消费者而言，网购的第一需求是服务。

“很多商家到今天还认为，网上都是卖便宜东西，这说明他们根本没有理解消费者的想法。其实排第一的是服务，而由于是儿童产品，消费者也非常关注环保、安全、功能等，然后才是品牌、价格。”杨涛认为，如今家具公司绝大部分都操作不了互联网，是因为解决不了“最后一公里”问题。

此后，酷漫居开始调整产品生产结构，借鉴宜家的模式，将所有家具的通用部件标准化。产品采用可拆装的板式结构，成为一个个“大积木”。当顾客提出个性化需求后，酷漫居可将不同的动漫形象直接打印在家具上。

这极大提升了酷漫居的交货速度，消费者网购后一般 3 到 7 天内就能交货。由于通用部件不过十几个，大规模的采购、生产通用材料也降低了成本。消费者拿货后可以自己组装家具，也可以由服务队伍上门组装。

“传统家具业为考虑不同顾客的需求，一般做 100 套、200 套已经是很大单的了。而酷漫居可以一次性做 5000 套的订单，这 5000 套看似一样的家具，又可以变成不一样的家具”。杨涛说。

“最后一公里”的打通让酷漫居在线上销售更为得心应手。公开资料显示，2012 年，酷漫居收入破亿，网络平台和线下销售各半；到 2013 年 8 月，酷漫居销售收入已过亿元，其中 70% 的收入来自天猫、京东、唯品会和自建 B2C 商城。

改变旧有分级代理模式　“让酷妈帮忙发展新用户”

“仅仅为消费者提供专属产品和订制服务，仍解决不了互联网转型的核心问题。”

杨涛渐渐发现，孩子的东西大多是妈妈在购买，“我们大量的目标受众是女性，而女性在儿童家居方面的消费非常谨慎，对这类大宗消费品一定要有深度体验才放心”。

这意味着，酷漫居要把单纯的线下渠道变为店网一体化的渠道。一方面让线上消费者到线下进行体验，而并非简单地卖产品，另一方面则在线下扫二维码对接到线上消费。最终形成线上线下同产品，同价格，同服务，同体验，同支付“五同”的销售系统。

“能卖500元的家具，为什么非要减少到100元?”线上线下价格的同步遭到了经销商的强烈反对，一些经销商甚至选择了离开。

而在杨涛看来，过去传统家具业都是暴利行业，靠的是批发零售的差价做生意，是一种粗放的模式。但现在的消费者能够在网上进行价格比对，只有服务好才能吸引他们。

为了让经销商逐步认同这一理念，酷漫居作出很大的让步，比如直接以出厂价供货，让他们多获利，酷漫居只收取管理费。2013 年 9 月，酷漫居开始大幅缩减线下门店的数量，清退无法认同这一理念的经销商，门店数量从 300 家迅速减少到 80 家。愿意留下来的经销商变成了体验店的加盟商，旧有的分级代理模式被改变。这成为酷漫居转型路上的第二次革命。

“体验店要改变过去经销商那种‘坐商’的思维模式，不能等着客户上门”。李雪胭说，体验店的业绩考的是店内下单，这要求提供更好的服务，比如异业合作，或面对面与消费者交流儿童房设计，留住消费者，“倒逼体验店提供更好的服务”。目前，酷漫居店面的利润达到40%左右。

如今，杨涛对“互联网＋”转型的理解更为深刻，“要让企业与消费者成为利益共同体”。2015 年 5 月，酷漫居开发了基于微信窗口的社区系统——“酷妈”系统。申请成为“酷妈”的用户，可以获取、分享育儿和家居安全知识，赚取积分，兑换礼物和购物优惠。

“父母很喜欢分享孩子的成长过程。尤其动漫家具这种比较漂亮的产品，最能引发他们的分享欲。”酷漫居动漫科技有限公司副总裁蒋文龙介绍，儿童家具是典型的低频率、高消费产品，通常情况下产品的使用周期为 3 到 5 年。用户群体重复购买率非常低，但有天然的分享噱头。

在杨涛看来，“酷妈”系统能够让消费者在网上与商家互动，深度参与酷漫居的服务体验，有助于让酷漫居在父母类社群中获得快速的口碑传播，“让‘酷妈’帮我们发展新用户”。

■对话

酷漫居动漫科技有限公司董事长杨涛：

“产品的打造要跟消费者有深度对接”

南方日报：酷漫居在“互联网+”转型道路上经历了两次“革命”，从您的经验出发，传统企业转型互联网要解决哪些问题？

杨涛：最近广州有8家企业入选中国最佳创新公司50强，其中有2家与家具有关，酷漫居和尚品宅配。两个公司采用不同的商业模式，最终都在家居市场创新上有自己的成长。这对广东的其他传统产业来说，都是可以借鉴的。

在互联网经营上，我觉得首先不要把互联网当作渠道或工具。互联网是一种思想在行动上的诠释，今天的消费者改变了，互联网思维应该是以消费者为中心，满足其需求，与消费者深度互动和沟通，增强消费者的体验和粘度。如果思想不改变，只是在天猫卖产品或者做APP，就以为自己懂互联网，这是错的。

其次，一定要有互联网团队，且必须是开放的、包容的、裂变的创新性组织，而不是一大帮人凑在一起，按照原来的思路死板地工作。让更多年轻人在团队里发挥创新思想，整个团队能不断地探讨和解决问题，把一切资源向前线倾斜。

有了互联网思维和团队组建，又有了很好的产品和服务后，关键就是在这条道路上坚定地走下去。不要简单地想，我做了就会对企业有推动，若不成功我就退回来，或者取得一点成功就喜形于色，今天的变化太快了。

南方日报：以消费者为中心是互联网思维的关键，企业可以通过哪些方式更好地贴近消费者？

杨涛：极致的产品与服务是贴近消费者的最优方式。只有极致的产品才能形成好口碑，产品的打造要跟消费者有深度的对接，根据消费者的需求改造商品，真正满足消费者的需求，让消费者认同你。

服务体验也要做到极致。一家企业若能将服务环节梳理得非常清晰、通畅，让消费者感受到热情和诚意，是非常重要的，这需要不断优化服务的每个环节，达到极好的服务体验。

最后是深度参与，让企业和消费者一体化。消费者首先要有品牌体验，建立与企业的信任，并愿意分享给朋友。若仅仅是分享而没有利益，动力可能不足，所以要将分享变为参与的过程，比如积分兑换现金或服务等，让消费者成为粉丝，帮企业进行口碑传播。

■记者观察

打造线上线下融合的 O2O 闭环

互联网加一个传统行业，意味着什么？从电子商务兴起之初，传统企业就企图借助实践回答这个问题。对于传统产业而言，“互联网+”预示着机遇，也带来不少挑战。互联网的快速发展，打破时间和地域界限，提高信息交换效率，连接硬件和软件，采集大数据，改变用户习惯……它与设计、定价、生产、宣传、销售各个环节的结合，很有可能改造传统产业，激发出更多创新。

将互联网当作渠道或工具，将线下的产品简单地搬到线上，是不少传统企业刚开始“触网”时的误区，酷漫居在“触网”之初也曾吃过这个简单逻辑的苦头。彼时，“双十一”狂欢后带来的一系列售后问题让不少企业措手不及——发货速度慢、货物运送时有破损、产品质量参差不齐，这些问题对家具行业而言尤其致命。

事实上，“互联网+”转型不仅仅是单向的从线上到线下的转变，而是要打造一个线上线下相融合的 O2O 闭环。从酷漫居的实践看，这个闭环包括几个要素：以客户为中心、消费行为可跟踪可衡量可预测、完整的体验、随时随地跟顾客沟通、门店里极多的互联网要素等。这些都体现了不少业内人士概括的互联网思维要素：用户思维、数据思维、生态思维。

用户思维的重要性已毋庸多言，产品、服务、体验的塑造无不是以用户为中心，数据思维则强调数据驱动商业决策。而生态思维，则是酷漫居目前正在探索的方向，让消费者深度参与产品研发和设计，成为产品品牌的口碑传播者，消费者与商家成为利益共同体。

O2O 之下的“互联网+”，并非线上、线下融合交互这么简单，其背后是通过互联网重新组织和改造供应链并重新定义营销。在这其中，重要的不仅仅是线上资源如何丰富，线下服务体验如何好，将两者联系起来的通道是否畅通，也是其中的关键。

■数据

目前，酷漫居的线下体验店有170多家，覆盖北京、上海、广州等60多个城市。体验店的布局还将继续扩张，计划年内达到300家；

2011年，酷漫居获得鼎鑫国际资本6000万元投资；

2012年，酷漫居收入破亿，网络平台和线下销售各半；

2013年，酷漫居获得天图资本2000万元投资。8月，酷漫居销售收入过亿，其中70%的收入来自天猫、京东、唯品会和自建B2C商城。

撰文：昌道励　实习生　梁延满

七、创新样本　YOU＋：给创客们安个家

政府支持创新创业，民间热情如江流奔涌，在互联网时代的全新平台上，创客们正在迎来春天。前不久，国务院办公厅发布了《关于发展众创空间推进大众创新创业的指导意见》，明确提出加快构建一批低成本、便利化、开放式的众创空间。

在广州，给创客们安个家的 YOU＋国际青年社区，每周都会迎来一拨拨参观者，人们到这里学习 YOU＋融合创新的思路，感受年轻人创新创业的激情。YOU＋创始人刘洋用 5 分钟的创业故事打动小米总裁雷军，如今刘洋的故事打动着每一个到来的参观者。

YOU＋已经在北上广三地开设 10 家门店，2015 年底计划实现 1 万间客房的目标。YOU＋社区“格式化”传统房屋租赁模式，把居住和创业跨界融合，通过创业共享文化，把最活跃的年轻创业者招至麾下。

观察人士评价，YOU＋创业社区既是创客带来的“互联网＋”大众创业、万众创新的新形态，也是创意产业园的 2.0。

本月初，广州科技创新大会上发布了“1＋9”创新配套政策，激励创新者向广州汇聚，在广州加速发展。以 YOU＋为代表的新型众创空间，能不能为这座城市孵出新的发展活力？

路径

生逢其时，攻城略地

YOU＋展示了一个优质创业者的成功路径：市场认同、融资和急速扩张。许许多多入住 YOU＋的创客们在复制 YOU＋的路径，希望“破茧可成蝶”。

YOU＋社区的诞生要追溯到 2011 年，创始人刘洋、刘昕两兄弟身在异乡，对家无限渴望，这一年的 10 月，他们来到广州市海珠区凤凰街道，盘下

了这里的原高露洁牙膏厂厂房。

两兄弟用8个月时间，对厂房进行了公寓化改造。“我们就是在外漂泊的人，因此最懂在外漂泊的人需要什么。”坚持这个理念，刘洋、刘昕将公寓设计得温馨、有爱。

主打“三不租”理念和欧洲大学公寓客厅文化的YOU+国际青年社区，2012年一投放市场就出奇的顺利，仅仅一个月时间，133间客房满租。

YOU+发展迅速，车库咖啡创始人苏菂的加盟，为YOU+注入了创业的基因。车库咖啡是北京中关村创业大街上第一家以美国车库文化为原型的青年创业平台，那里活跃着各种创业者、风投和猎头。

在2014年8月得到小米董事长雷军一亿元的A轮融资后，YOU+社区在房地产和互联网行业里被彻底引爆。雷军只用了5分钟就拍板决定投资YOU+，他的到来不但带来解渴的资金，更带来了聚光灯效应。YOU+一夜爆红，不少创业孵化基地的慕名者从预约到被通知入住足足等了半个月时间。YOU+的创始人们开始出现在一个又一个创新大会上。

很快，YOU+迈开了扩张的步伐。位于北京中关村附近的YOU+苏州桥店开张，占地2000多平方米，拥有一个灯光球场、各种免费配套，但租金却很便宜。许多人早早提出申请，排着队希望成为最早尝鲜的住户。YOU+对外宣布，2015年YOU+公寓的房源将突破1万间。

市场认同、融资和急速扩张——YOU+展示了优质创业企业的发展路径。

YOU+前期扩张少有政府介入。在观察者看来，扮演创业孵化器角色的YOU+，其路径证明了市场化发展的可行性和重要性。当下，广州提出孵化器倍增计划，YOU+的市场化运营给一些成为“二房东”的孵化器带来反思的可能。

从耗费8个月建成第一家YOU+公寓，到2015年计划房源突破1万间，YOU+“攻城略地”的能力不仅仅依赖于合作者主动抛来的绣球。

YOU+摸索出一套从拿项目到改建的最优方法，由专业的拓展团队从市场的闲置楼宇、园区“退二进三”等项目寻求房源。拓展团队发现房源后会第一时间评估其是否可改建成YOU+的业态，如果符合交通便利、生活配套齐全、独栋楼宇等条件，便与业主进行洽谈。

当项目谈妥后，YOU + 会先交押金，业主给予合理的免租期，YOU + 在免租期内对项目进行设计与改建，这大约会在 150 天内完成。

YOU + 的改造将空间利用率进行最大优化。每一个面积为 20 平方米的房间五脏俱全，同时挤出足够大的公共区域成为众人休闲共享、创业交流的客厅。

在“大众创业、万众创新”的热潮下，一些地方政府开始主动找上 YOU + 提供项目。最近，国务院办公厅印发《关于发展众创空间推进大众创新创业的指导意见》指出，构建一批低成本、便利化、全要素、开放式的众创空间，为广大创新创业者提供良好的工作空间、网络空间、社交空间和资源共享空间。

可以说，YOU + 创业社区公寓的路径与指导意见中的众创空间不谋而合。而在这里，许多入住的创业者希望像 YOU + 一样破茧成蝶。

聚集

交流共享迸发的能量

交流共享是当下的一种互联网创业思维。如果仔细考究新的创业者的共同点，他们比以前任何时候的创业者更不吝啬“交流”和“共享”。YOU + 创造了这样的空间，最活跃的创业者被招至麾下。

“早上醒来从容地洗漱、吃早饭，踱步下楼就能跟团队的同事们在一楼公共办公区一起攻坚研发新产品。思路需要拓展时，随时跟同住一个社区的其他创业团队交流、取经。下午跟蔡文胜、戴志康等著名投资人在客厅里沟通项目进展，晚上还能同一拨人在院子里吃烤串、喝啤酒……”有人这样描述 YOU + 创业社区总部苏州桥店上演的场景。

2015 年 4 月，YOU + 首家融合居住和办公的创业社区在北京苏州桥附近开张。YOU + 创始人刘洋向记者讲起这样的故事：YOU + 北上创建首个创业社区之前，一个叫孟德的创业者在北京创业圈子里颇有名气，他不按套路出牌的选择办公和居住方式让人印象深刻。孟德在北京的车库咖啡创业，创业者只需每天点一杯咖啡就可以在车库咖啡里享用一天的免费开放式办公环境。因为找房租房太麻烦，孟德在附近一家洗浴中心花 5000 元办了一张会员卡，白天在车库咖啡办公，晚上到洗浴中心落脚。以平均每天不到30元的代价睡了一年的大厅沙发。洗浴中心除了睡觉，还能洗浴，吃早餐和宵夜，算下来十分划算。

当刘洋从车库咖啡创始人苏莳那里听到孟德的故事，刘洋听出了弦外之音：新的草根创业者对居住和办公融合为一体的创业场所有很大需求。

当前，大部分众创空间、孵化器仅提供办公场所和创业平台，办公之外创业者必须通过其他方式解决居住问题。在苏莳正式成为YOU+的联合创始人之后，YOU+决定打造一个集居住、办公、创业交流、休闲功能于一体的创业社区。

交流共享是当下的一种互联网创业思维。如果仔细考究新的创业者的共同点，他们比以前任何时候的创业者更不吝啬“交流”和“共享”。在北京的车库咖啡、3W咖啡里进门处有一面招聘墙，上面贴满了各类项目、人才、资金、创意的供需信息。创业者绝不吝啬与同行交流，以换取1+1>2的创业思路。

YOU+能将许多创业者招至麾下的秘诀，除了提供创业社区的硬件之外，其“三不租”理念发挥着重要的作用。45岁以上的不租，因为公寓关注的是年轻群体；结婚带小孩的不租，因为房间和楼梯为单身成年人设计；不爱交朋友的不租，入住者被要求必须与其他人交流。“年轻人创新创业不再局限于一个封闭的空间，他们更倾向于在开放式、交融的、新型的社交模式下开展创新创业活动。”

YOU+公寓客厅每天开分享会。一位身无分文的背包客被邀请短期入住，作为交换他教其他人弹夏威夷吉他；一位法国旅客分享简易法国文化。

这里还分享后来让YOU+声名鹊起的创业机会。晓兵是YOU+白云新市店的一位入住者，他曾是国内一家电商服装公司派驻韩国代表。有一天他分享了为淘宝大卖家拍摄物品的创业念头，现场很多人一拍即合，很快公司成立起来，专门为天猫上销售额过千万元的服装公司提供拍摄服务。

晓兵还在YOU+的入住者中物色了企划、销售、财务人员。有一天，晓兵为找女模特烦恼时，有人出主意：女住客闲暇时可以兼职服装模特。晓兵在客厅里招募女模特时，很多人响应报名。

在刘洋等人的设想里，YOU＋将围绕聚集在这里的年轻人打造一系列的移动互联网平台，入住的年轻人不限于创业者，会有自由撰稿人、投资经理、摄影师，甚至还会有一些从事法律、会计工作的人会被添加进来，他们的专业知识会给创业者提供帮助。

在顺应需求的同时，YOU＋创业社区也在创造投资需求，并且扮演孵化器的角色。

不久前，海底捞董事长张勇悄悄来到YOU＋公寓近距离感受创业者的创意，参与了YOU＋家友们的头脑风暴，临走前被家友们识破，破例在现场进行一次非正式创业分享。

刘洋透露，很多业界名人不动声色地住在YOU＋创业社区里，他们希望从中发现潜力项目，进行天使投资。

启示

跨界融合的运用

YOU＋创业社区的高明之处是跨界融合的运用，将传统房屋租赁重新定义为生活居住＋创业办公场所。YOU＋给广州的启示是如何运用融合。比如，传统商贸业如何与互联网进行融合。

最近两个月里，广州市市长陈建华两次带队参观YOU＋。一次是4月13日参观YOU＋宝岗店；一次是5月13日YOU＋广州时代TIT广场店开业时到场参加“创新、创意、创业”沙龙。

两次考察中，陈建华对YOU＋在传统行业中的将居住与社交融合、改变青年人群居住习惯、形成创新创业氛围的独特创新模式予以充分肯定，并明确广州全力为传统产业、新兴产业和为企业家的创新提供支持。

作为国家中心城市的广州，各行业发挥着创新驱动作用不言而喻，为何成立4年时间的YOU＋能获此礼遇?

暨南大学教授胡刚认为，作为商贸中心的广州，传统商贸亟须与互联网进行深度融合。不管是YOU＋生活社区还是YOU＋创业社区，其高明之处是融合的运用，将传统房屋租赁方式进行“格式化”，重新定义生活居住＋创业办公场所。YOU＋给广州的启示正好就是如何进行融合。人们期待，YOU＋的融合之术能为广州创新撕开更大的口子。

6 月 7 日，刚抵达北京首都国际机场的刘洋收到一条广州家友发来的短信，申请到 YOU + 北京苏州桥店短住一段时间，他的创业项目急需技术资源，希望能到北京找到合作的团队或者小伙伴。

“广州不缺乏技术人员，也不缺乏创业者，但是目前还没有一个活跃的创业者聚集地，来共享和交流信息。”刘洋坦言。

在北京中关村创业大街上，创业者的集聚构成了车库咖啡。这里不仅是创业者的低成本办公场所，也成为投资人的项目库。刘洋还记得，当 YOU + 创业社区总部苏州桥店开张时，雷军、俞敏洪、刘永好等超过 80 名上市公司老板与数百名创业者面对面，“入伙”仪式成了一场创投聚会。

“我们看到广州正在行动起来，YOU + 广州时代 TIT 广场店首批入住的家友中，有人退掉珠江新城的房子，自带‘鸡血’搞创业。”刘洋说。

2014 年 9 月起，随着李克强总理在夏季达沃斯论坛上公开发出“大众创业、万众创新”的号召以后，他在首届世界互联网大会上、国务院常务会议上、政府工作报告中，以及各种场合频频阐释这一关键词，人们不但对“双创”这个名词变得津津乐道，更多人更是跃跃欲试。

为了给广州的创新创业添柴加薪，在本月初举行的广州科技创新大会上，广州公布了“1 +9”系列创新政策措施，孵化器倍增计划是其中一项措施。到 2016 年，广州全市孵化器达到 120 家，孵化总面积达到 800 万平方米，实现在孵企业 1 万家。

以 YOU + 创业社区为代表的众创空间正在蓬勃生长，这些新型孵化器的孵化模式与以往政府大力支持的科技企业孵化器有很大的不同。在众创空间里，任何一个草根的创业梦想，哪怕是开一间奶茶铺，都有人给他出主意。

众创概念的孵化器已经登陆广州，广州将如何作为?

对话

YOU + 创始人刘洋：

广州有发展“互联网 +”的天然优势和实力

南方日报：从“三不租”理念到苏州桥店的创业社区，YOU + 的经营向创业热潮靠近，雷军等投资者的合作给 YOU + 带来了什么本质改变?

刘洋：YOU + 初衷不变。目前 YOU + 有两个主要产品，一个是大家熟知的“生活社区”，另一个产品是现在大热的“创业社区”，两个产品会齐头推进。

我可以自豪地说，YOU＋从创办伊始便找到了漂一族和创业一族的“痛点”，YOU＋为城市的年轻人找到了“友爱”，这是传统房屋租赁所无法竞争的优势。

YOU＋的发展得到投资者极大的帮助，车库咖啡创始人苏菂的影响尤为深远。创办4年时间的车库咖啡是国内首个创业咖啡，很多创业者白天在车库咖啡里谋划创业，晚上倒头睡在沙发上。可以说，苏菂帮助YOU＋建立起创业社区理念，帮助YOU＋搭建了创业社区平台，把居住与社交融合、改变青年人群居住习惯、形成创新创业氛围等理念注入到YOU＋中。雷军对YOU＋的影响同样巨大。雷军几乎毫无保留发挥了“传帮带精神”，说雷军是世界第一流的创业教练也不为过，他把创业的精神输入到YOU＋血液中，教会YOU＋如何面对融资、如何整合传统行业和互联网深度融合、如何营造消费者第一理念。

南方日报：YOU＋创业社区希望帮助更多创业者，未来的YOU＋怎么实现它的初衷？

刘洋：未来YOU＋将在打造创业社区道路上走得更远更扎实，YOU＋创业社区希望传递“传帮带精神”，而不是仅仅打造一个冷冰冰的孵化器。将来YOU＋创业社区除了提供创业配套之外，更重要的是提供人性化的服务。

我举一个例子，前不久海底捞董事长张勇深夜到访YOU＋苏州桥店一探究竟，他跟很多家友一起仔细倾听创业者们的交流，不时还插话讨论几句。临走前张勇被家友认出来，于是又跟家友们讨论了一会。

这就是YOU＋的魅力所在，很多创业大牛不动声色地住在YOU＋创业社区里，他们希望来这里可以发现潜力项目，希望转头做天使投资。未来YOU＋创业社区会是真正的市场化孵化社区。

南方日报：前不久，广州召开科技创新大会，出台了一系列创新政策，你怎么看广州在创新驱动方面的努力？

刘洋：广州已经高度重视创新创业，而且花了很多精力来搭建鼓励创新创业的框架，我相信很多人感受到了创业者的热情。广州要搭建创新创业平台，应该投入更多资源搭建创业聚集平台。

有人认为，跟北京相比，广州目前还没有跟上互联网创业步伐，我认为这种评价不够客观。广州或许不具备北京的互联网产业链，但是广州依然有发展“互联网+”的天然优势和实力。举个例子，广州虽然没有淘宝平台，但是淘宝“双十一”节服装前二十名卖家大多聚集在广州。广州最具备实力建成电商聚集平台。广州有500多个专业批发市场，它们现在给广州的交通、市容市貌带来很大的压力，广州完全可以发展“互联网+专业市场”概念，形成真正意义上的网上广交会，这是广州独有的优势。

记者观察

打造集聚创新创业要素的“根据地”

日前召开的中共中央政治局会议明确提出，把创新驱动发展作为中国经济实现动力转换的关键。创新创业所释放出的活力，从长远来看将成为照亮中国经济未来道路的不熄之火。本月初广州举行的科技创新大会上，“1+9”配套政策密集发布，广州要保持中高速增长，就要为创新驱动“叫好”，为大众创业环境破枷清障。

4年来，YOU+国际青年社区在市场大受资本欢迎，“攻城略地”式高速增长，为广州创新创业提供了可观察的样本。今天，广州的经济发展方式、经济增长方式、生产方式与过去相比已经发生了根本变化，物质生产部门会慢慢萎缩，对服务产品的需求则将大大增加，这为创业提供了非常有利的客观环境。作为国家级中心城市，广州众多高校毕业生创业热情高涨，广州造就一个有利于创业的环境非常重要。

日前，国务院办公厅印发《关于发展众创空间推进大众创新创业的指导意见》，提出实现创新与创业相结合、线上与线下相结合、孵化与投资相结合，为广大创新创业者提供良好的工作空间、网络空间、社交空间和资源共享空间。目前，越来越多的城市正在围绕当地特色，形成一种创业集聚区和一个创业生态圈，打造一种创业文化，形成良好的创业氛围。广州如何进一步夯实和提升创新创业基础设施建设，为创新创业者提供便利化、全要素、低成本的创业服务社区，营造鼓励创新创业的文化氛围，将决定着这座城市的创新未来。

当前，广州创业环境的改善仍有空间，特别是需要打造数个有号召力、聚集创新创业各种要素的“根据地”，以“集聚”构建独特的生态圈，催生创新创业的化学反应，推动发展的新裂变。

在新一轮互联网创业潮中，在创新创业大好形势下，服务业发达的广州从创业服务业着手，提升城市的创新力，将大有可为。

策划：姜玉龙　谭亦芳　郑佳欣　统筹：郑佳欣　撰文：马喜生

八、创新样本　孵化器“连锁店”粘住逾2000家创业公司

在这里最低只需1000元就可以拎包入驻带家具的写字间办公；在这里可以有机会与投资“大咖”面对面；在这里可以免费参加创业导师指导、创业培训和政策咨询等多项活动……这里是1918创意商务空间连锁（下称“1918”）。

“创业者的一切困难都可以在这里解决。”一位最早进驻1918的创业者表示，他最看重的是1918每月定期举办的创业“大咖”沙龙。这里为创业者提供“一站式”服务，例如创业前置分析、创业服务型办公室租赁、会议室租赁、种子基金投资、专业工商财税托管、企业金融支持、政企辅助对接等。

更引人注目的是，这家“全能”孵化器竟开出了连锁店。1918是目前广州规模最大的连锁创业孵化器之一，网点涵盖天河、海珠、越秀、黄埔等核心商务区，累计进驻的创业型企业超过2000家。

1918到底有怎样的吸引力能粘住这么多创业者？而且，它是以怎样的方式开创了孵化器经营新模式？带着这些问题，南方日报记者走进了1918，试图从它的发展模式，探寻传统孵化器转型的路径。

模式

租格子间创业只需月掏千元

深受年轻人喜爱的格子铺曾是风靡广州的零售业态，目前在广州，一种全新的格子间写字楼也深受年轻创业者欢迎。

位于广州天河东路20号的1918创意商务空间里，与数学打了十几年交道的徐老师和几名同事在一个靠窗的格子间开启了自己的创业征程。他创立的广州优数扬信息科技有限公司专门从事数据建模。听起来很“高深”的学

科其实可以运用到诸如仓库管理、民调系统、互联网医疗等生活领域。

徐老师告诉记者，公司前年成立后几经搬迁。去过科学城、考虑过南沙，最后选择了1918。“科学城给的办公场地太大，太浪费。而南沙距离市区太远，在人才招聘上没有优势。”

“而在1918，每个月2000多元，水电全包。招聘的时候说公司在天河，大家就比较感兴趣。”徐老师对这个仅能容纳五六个人的格子间感到很满意，他表示，地方虽小，但对初创团队完全够用。如果有客户过来谈事情，可以借用1918免费提供的各类大小的会议室。

一位刚刚搬进1918的创业者给记者算了一笔账，一个4—5人的创业团队在天河北路或者珠江新城商圈办公，以租赁最小的一居室作为办公场地计算，月租金大约是4000元，还要缴纳管理费。加上装修和基本的办公家具和空调、饮水机等的购置，大概1.8万元。可能还需要购置传真、复印和打印设备等，这个成本就更高了，起码要1.5万元。如果进驻1918，初始成本能节省3.5万元，每个月的租金也能省下至少一半。

记者看到，除了格子间，1918在大楼一楼设有前台，三楼的中心位置有一个100多平方米的休息室，此外还有会议室和文印室。格子间根据面积大小每月租金从1000元到4500元不等，休息室可以免费使用。

而且，1918所有的硬件设备都可以根据创业阶段随时灵活调配。例如，团队初创时可以租用三五人的办公室，团队发展壮大后也可以提供几十人的办公空间。徐老师属于最早进驻1918的创业者之一，和他们一起的既有2人的微型公司，租用容纳4人的格子间；也有50多人的团队，一口气租下10个格子间。

秘诀

“黏性”让孵化器生生不息

许多创业者坦言，正是由于一期期讲座、一场场培训、一次次与大佬的面对面，让他们被1918“黏”住了。这都是1918为创业者提供的增值服务。

一个移动医疗创业团队负责人对记者讲述了1918如何帮助其项目及时“纠错”。据其介绍，该团队是做医疗器械销售的，既不缺资金也不缺医院资源，生意不错，但是运营了半年多后却濒临破产。经过1918创业测评发现，当大批器械销售给医院后，团队拿不出税务发票，医院无法结账。因为，团队对医疗器械行业的相关政策、准入条件不熟悉，连需要购买增值税发票都不知道。

“这是初创团队的普遍问题，对于行业准入条件、政策都不是特别清晰。”1918 的投资方广东晨轲投资有限公司总裁贺宏朝告诉记者，1918 成立了专门的团队，从源头开始，为初创企业提供相关政策梳理、解读、行业注意事项提醒以及创业中期的融资、创业后期的上市问题等全链条服务。

2014 年，1918 成功开发出了全国首款自助创业服务系统“创业通”APP，填补了中国专业创业服务移动互联领域的空白。

据介绍，创业者只需在“创业通”上输入创业的项目、涉及的领域、客户定位、场地要求等问题，提交后系统自动生成一个报告。报告会告知创业者，比如在广州创业需要用到哪些资源，政府对行业有哪些优惠政策，这个行业会有哪些监管要求，需要如何处理税务问题、客户定位可能存在什么问题等。

“我是理工科出身，让我处理财税问题我真是‘一头雾水’，现在好了，‘创业通’直接把与我相关的内容告诉我，一目了然。”一位创业者坦言。

数据显示，95% 的科技企业在创业前三年便因资金周转困难、资金不足而倒闭，那段时间被称作“死亡谷”。一些资金只要在这段时间及时介入，企业便可以获得发展。

但在 1918，创业者根本“不差钱”，1918 负责为优质项目“找钱”。项目的融资模式可以多样化，可以是众筹模式，也可以为项目牵线搭桥寻找天使投资和风险投资，还可以由 1918 的基金会直接进行投资。

当前，移动互联网创业已成为创业的主流，怎样帮助创业者从互联网创业中脱颖而出是一个重点思考的问题。

贺宏朝坦言，“为什么大量的手机 APP 在上市的很短时间内就被卸载了，用户的使用时间很短，创业者也不知道问题出在哪里”。基于此，与酷狗音乐联手设立的广州移动互联网创业学院在 1918 诞生。

据了解，该创业学院提供的是地道“干货”。“举个例子，每个刚开发的 APP，因为没有用户，就无法收集用户习惯，很难对相关技术做出规划。创业学院将整合国内、国际顶尖互联网企业技术专家，帮助创业者规划产品用户定位、功能设计、技术攻关，导入用户流量、提升用户体验。这些‘大咖’做这么多产品，他们十分清楚如何一步一步地把技术做起来。”贺宏朝说。

记者采访发现，1918 把创业前期需要的一些资源都集中起来，为创业者提供统一、专业的服务，节约了创业成本。不少创业者坦言，“根本离不开1918”，因为，从硬件到软件的全方位、一站式的服务，几乎是为创业者量身打造，大大提高了初创企业的创业成功率。

目标

2017 年底前力争开设 200 家分店

1918 目前在广州有 5 家分店，未来将在全国一线城市布点，力争 2017 年底分店总量达 200 家。

在本月初举行的广州科技创新大会上，广州公布了“1 +9”系列创新政策措施，孵化器倍增计划是其中一项措施。到 2016 年，广州全市孵化器达到 120 家，孵化总面积达到 800 万平方米，实现在孵企业 1 万家。

广州市社科院 2014 年发布的《广州科技企业孵化器发展报告》显示，与国内孵化器建设先进城市相比，广州还存在较大差距。报告指出其中的一项差距就是：孵化器的容量和服务能力有限，还不能满足广大科技型中小企业及创业者发展的需要。

传统的孵化器只是一味追求“包租公”角色，并没有在真正意义上孵化企业。企业发展好坏、未来能否上市，有些孵化器并不关心，只关心企业能不能交得起房租或者房租能不能涨起来。

现代的孵化器则是载体。在 1918 的孵化基地、股权投资、创业学院等服务生态链中，政府、创业者、投资人都可以各取所需。创业者来到这里找资源、投资人来到这里找项目、政府在这里提高了政策的有效到达率。

1918 的模式，不仅为一些“二房东”式的传统孵化器带来了思考，同时也为模式的复制打下了基础。

据统计，2014 年，全国新登记注册市场主体 1292. 5 万户，其中，新登记注册企业 365. 1 万户，平均每天新注册企业逾 1 万户，同期，全国存量中小企业数量接近5000万户。按照平均每户企业年均创业服务（办公室租赁、工商、财税等增值服务，不计算股权投资收益）消费额3万元人民币计算，中国创业服务市场年均规模超过人民币1.5万亿元。

对此，贺宏朝心里已经打起了算盘。他告诉记者，1918目前广州市有5家分店，接下来准备在全国布点，走出广州，以自营、加盟、众筹等连锁的模式来发展。

“我们在加盟和众筹方面具有优势。对一个投资人来说，我们不仅输出品牌，还输出模式，也就是我们的‘生态链’。最关键的是，我们有用户。”贺宏朝一边说一边打开手机向记者展示微信群，“我们现在有20万的粉丝，如果有1%的转化率的话，我们就需要2000多个房间。每个1918大概有200个房间，远远不能满足需求。而且我们计划用三年的时间，做到5000万粉丝，那就需要50万间房，几万家还都容纳不了。”

面对未来，贺宏朝信心满满。他告诉记者，1918计划到2017年底实现全国一线城市200家分店的战略发展目标。

对话

贺宏朝：

均衡发展的创业团队

更易被投资人相中

南方日报：您在帮助创业者的过程中，也认识了很多投资人。您觉得投资人的逻辑是什么？创业者怎样才能被投资人“看上”？

贺宏朝：投资人的第一种逻辑是，投资的项目要有退出途径。投资肯定是要盈利的。投资要退出有一种方式就是继续做后续的融资，从天使到A轮、B轮、C轮融资。

还有另一种就是做兼并并购，这是一种不错的途径。比如，阿里为什么会投资UC，因为它是出于完善生态链的考虑，作为产业链条的补充。生态链上这种企业很容易被投资人看中，一些投资人背后有很多资源，可以把项目卖给大公司，卖给产业链。

所以，我时常对创业团队讲，选择投资人的时候，不仅是看投资人给你多少钱，最关键的是投资人背后的资源。这不仅是投资的逻辑，更是创业者选择资本最需要考虑的。

南方日报：您认为成功创业者所需具备的基本素养有哪些？

贺宏朝：就互联网行业来说，一个百度的人，加一个阿里巴巴的人，再加一个腾讯的人，这三个人出来做公司，一定会有人投资，为什么？百度的强项是研发技术，腾讯的强项是产品设计，阿里巴巴的强项是运营。也就是说，一个好的团队，需要这三点要素，技术、产品、运营。

现在投资领域优质资源很多，资源会向着这些比较好的、有价值的项目去聚拢。对创业团队来说，它需要清楚知道，只强调技术、强调团队是不够的，要讲究均衡，一定要将技术、产品、运营这些要素结合起来，缺一不可，均衡的团队才容易成功，也更容易走下去、走得持久。

南方日报：在和创业团队打交道的过程中，您觉得创业者在创业过程中存在哪些问题？

贺宏朝：现在一个普遍问题是创业者的心态比较急功近利。我最近看了80 多个项目，但很多项目不太靠谱，可是创业者往往把自己看得太高，觉得自己的项目很有价值。

有一个项目是做医药的，从行业发展和创新的角度来说，这个项目很有想法。但创业者把这个项目说得“天花乱坠”，投资人根本不感兴趣。他会怀疑就凭几个刚毕业的、没有社会阅历的年轻人，有没有能力来实现这个目标，会质疑你有什么资源去实现这个目标。

现在政府及各大媒体都在铺天盖地宣传创新创业，这当然是好事，但也会带来一些负面的东西。比如，导致一些项目在谈投资的时候要价非常高，超出了投资人投资的成本。现在投资成本已然很高，未来会给投资人的资金退出带来困难。

政府要有一个正确的导向，在意识上对创业重视，但创业最终还是要回归到价值投资。如果让投资人都看不懂这个市场，最后投资人都不敢去投资了，那么整个创业和投资的环境都会受到影响。

我们现在孵化器的项目，都会先孵化半年，先观察一下这个项目到底有没有价值，不会一开始就投资，我们要对自己的投资负责。

南方日报：现在广州的孵化器非常多，但是能成功孵化出项目的并不多，您怎么看待这个现象？

贺宏朝：就孵化器来说，硬件的东西已经不再稀缺，办公大楼已经太多了，你要留住这些创业的团队，靠的是你能给创业者带来什么，用互联网语言来说，就是用户黏性。

一个成功的孵化器，一定要有资源、资金、投资人。为什么说很多孵化器里根本没有人，因为它只有一个办公场地而没有后续的东西，就是个空壳，不能实现对创业者的黏性。

记者观察

创业需要资源聚拢

在“联炬杯”第二届广州青年创业大赛上，在华南理工大学的讲台上，在“青霖计划”的活动中，总是活跃着贺宏朝的身影。记者见到他时，他刚刚走出“联炬杯”大赛评审活动现场。

贺宏朝很忙，但还是一头扎进“青霖计划”，即广州青年就业创业公益帮扶行动。“青霖计划”这一名字最初就是由贺宏朝提出的，取“青年甘霖”之意，寓意带给青年创业者机会与希望，旨在通过聚集全社会的优秀创业资源帮助青年创业者整合企业发展稀缺资源（信息、资金、技术、人才、管理等），提高企业创业效率的公益活动。

有着十年的创业成功经历，贺宏朝深知青年创业应该具备哪些必需条件，最需要什么样的帮助，创业路如何走得更顺畅……每当坐在青年创业大赛的评委席上，他都能精准地发现创业者的优势和劣势，从而抛出尖锐的问题和独到的见解，给青年创业者加以指导。

在许多投资人看来，广州是最适合创业的地方。在广州创业根本不缺政策、不缺资金。在“1+9”系列创新政策措施中提到，天使投资失败最高可获200万元补偿，这在全国开先河。

“但对创业者来说，广州缺一样东西，就缺能够让这些创业者快速找到资源的地方。”贺宏朝坦言，像阿里巴巴在杭州一样，它的周围就发展出很多“淘宝村”，一切配套的培训、资金、设计包装、物流等的生态系统都全了。而在广州就没有“淘宝村”，因为没有一家大的企业诸如阿里巴巴可以来聚拢资源，创业者在广州注册，去北京“找钱”，去深圳找技术人员，特别分散。

未来，贺宏朝希望广州可以将更多好的资源优势发挥出来，在发展孵化器时注重黏性和资源的聚拢。同时，也希望政府能够更多地帮助民营孵化器，营造社会信任感。“对于创业服务行业，我们是创业者，对于初创企业，我们是先行者。”

撰文：陈思勤　实习生　张晶　策划：姜玉龙　谭亦芳　郑佳欣　统筹：郑佳欣

九、创新样本　亿航无人机　到底有多牛？

继无人机送快递后，这个引人瞩目的运输工具又跨界到了餐饮行业。6月10－12日每天午餐高峰期间，无人机公司广州亿航与百度外卖联手，在北京试水国内第一次无人机送餐，实现工作日高峰时段30分钟内急速送达。

物流、航拍测绘、生态环境保护、交通巡逻、电力巡线、农业作业，广泛的应用前景正在让无人机成为物联网、智能硬件领域的新宠儿，成为300米高空中兴起的新行业。自从中国大疆占领全球70%的无人机市场、成为无人机领头羊后，越来越多中国无人机企业进入人们的视野。

“我想要颠覆无人机的未来，我让飞行不再是少数人的专利，而是下一代与生俱来的本能。我想成为你第一台无人机，我是Ghost。”广州亿航智能技术有限公司的联合创始人熊逸放在微信朋友圈里这样介绍亿航的Ghost无人机。

通过软硬结合的创新技术，亿航自主研发了通讯图传硬件与手机导航操控系统，这让Ghost抛弃了“大砖头”一样的遥控器，让普通人只需要通过手机APP就可以快速上手操控无人机。

操作门槛的降低，打开的是一片广阔的“蓝海”。站在无人机产业风口上的亿航像火箭一样快速蹿升，“成立仅仅半年多就融资1000万美元，估值在6个月之内翻了25倍，人数从早期的四五个人到今天的近100人”。他们与谷歌、亚马逊、GoPro等公司一同创立了全球小型无人机联盟（Small UAV Coalition），还被美国杂志《快公司》评为2014中国年度最创新公司50强，位列第二。

撰文：郑佳欣　策划：姜玉龙　谭亦芳　郑佳欣

创业

寻找自己的阿里巴巴

“与其非要成为马云，不如去寻找你的阿里巴巴”。在熊逸放看来，目前地面已经非常拥挤，但在2000米以下的空中则空空荡荡，这片领域有巨大的价值和想象空间。

在位于广州世界大观的亿航总部办公室里，映入眼帘的是这样酷炫的场景：办公桌上摆放着大小形状各异的飞行器，四周堆放着各种无人机的线路和配件，墙壁上则挂满了各式航模。

亿航创始人胡华智是骨灰级航模爱好者，和朋友创建了北京航空航天模型博物馆，收藏了国内几乎所有生产过的航模，并且自己考了飞机驾照。早在2005年，胡华智便做了一些原型的飞控设计，一直放在他的博物馆里。

2012年8月，胡华智捡起飞控设计展品，带着1个美工和1个处理杂务的员工，在自己家里开始开发无人机。

2014年初，从杜克大学毕业后一直在创业的熊逸放在北京遇到了正在向投资人展示无人机的胡华智。

“已解锁，可以起飞!”当这台被命名为Ghost的无人机腾空的一瞬间，熊逸放被打动了。这个1989年出生的年轻人怀抱着这样的观点：“与其非要成为马云，不如去寻找你的阿里巴巴”。在他看来，目前地面已经非常拥挤，但是在2000米以下的空中则空空荡荡，这片领域有着巨大的价值和想象空间。

2014年4月，胡华智、熊逸放们在广州开始创业。他们面对的是竞争日趋激烈的无人机市场。位于深圳的无人机领军企业大疆，在全球商用无人机市场中占有近70%的市场份额，而越来越多厂商开始进入无人机领域，小米、腾讯等互联网企业更是多次传出跨界做无人机的消息。

创新

注入全新的智能基因

除了在智能手机上安装一个App就可以轻松地操控飞行，亿航无人机的阿凡达体感模式，更是为无人机注入全新的智能基因。Ghost无人机的“自动跟随”功能还可以让无人机无缝地自动跟随用户，可用于滑雪、徒步、跑步等探索旅程中。

亿航无人机靠什么脱颖而出？

在亿航总部办公室的置物架上，一个个航模遥控器上沾满了灰尘。传统的无人机需要这些像砖头一样硕大的遥控器，还需要一定的操控技术，而亿航生产的无人机则抛弃了遥控器，只要会用手机就会操控飞行。虽然是第一次玩无人飞机，但这架无人机不需要复杂的操控器，只需要在智能手机上安装一个 App 就可以轻松地操控飞行，由此带来的变化是操控的零门槛与基于移动互联网功能的巨大空间，让原来需由专业人员操控的无人机飞行变得简单。

亿航无人机的阿凡达体感模式，更是为无人机注入全新的智能基因。你无需按任何一个键，只需通过手机的九轴传感器向前后或者左右摆动手机，就能控制飞机。

Ghost 无人机的“自动跟随”功能还可以让无人机无缝地自动跟随用户，可用于滑雪、徒步、跑步等探索旅程中。熊逸放介绍，这个花费技术团队半年时间研发的技术，也让亿航成为国内第一家实现自动跟随功能的无人机公司。

这一系列功能的实现，来自背后的技术和人才支撑。

“为了测试，摔过几百台架次的无人机。”熊逸放回忆开发过程时说。另一位亿航联合创始人杨镇全见证了胡华智“丧心病狂”地研究无人机的全过程，不吃不睡不出门，不接电话，有人走到他身边拍张照片都不会察觉……

熊逸放说，对于亿航这样的创新企业而言，人才是重中之重。2015 年春节，熊逸放和亿航硅谷团队专门赴北美招聘，同行的还有投资人徐小平。他们去了斯坦福、伯克利等高校，到 Google、Facebook 挖工程师。“下一个 100 亿美元的公司，北京、广州、硅谷，总有一个工作地点适合你。”熊逸放这样在朋友圈转发“小广告”。

熊逸放有这样的底气。亿航刚成立时，四五个人在世界大观租下一大层的办公室。“别人说你们这么小的公司为什么租这么大的房子，我们说，很快会增长起来的。”

对于技术和产品的极致追求，以及无人机产业的爆发，亿航就像他们生产的无人机一样腾空而起。

2014 年末，亿航踏出国门首次亮相海外，在美国第二大的众筹平台 Indiegogo 上，亿航的 Ghost 无人机项目支持者高达上千人，众筹金额高达 86 万美元，超越以往中国产品海外众筹最高金额。

从 2014 年 4 月成立至今 1 年多时间，亿航科技已从最初的四五个人成长为近百人的团队，估值翻了 25 倍，被外界称为“成长速度最快的中国硬件创业公司”。

目标

应用到更多生活领域

智能硬件领域的体验经济主要体现在企业对用户体验的关注和产品在应用场景上的创新。如应用到森林巡检之中，如农场主可以利用无人机进行农作物监测，如林业部门可以在无人机上搭载红外线相机进行森林火点监测等。

在全球最大的电子产品采购展——环球资源春季电子展上，人们发现，无人机成为展会最大亮点：20 余家无人机企业参展，其中来自广深两地的无人机企业占到半数。不少原本从事平板电脑等电子企业甚至转型涉足无人机领域。

由于资本的热捧，过去一年，无人机市场有从蓝海逐渐变成红海的趋势。

在日趋激烈的市场竞争中，大疆创新推出的无人机产品被外界冠以无人机行业的“苹果”称号。

谁能够成为安卓一样的挑战者？克里斯·安德森说，如果大疆创新是无人机行业中的“苹果”，而他要做无人机中的“安卓”。

有人也把亿航视为无人机中的“安卓”。事实上，亿航正在搭建在 SDK 开放基础上的第三方开发平台、社交酷玩平台乃至未来的无人机网络平台等几大平台战略。

在熊逸放看来，移动互联网 + 的属性使得无人机不仅仅是硬件产品，还是一个开放平台，具体来说就是搭建自己的应用商店，类似苹果的 APP Store，开发者可以创建不同的应用，从而形成生态闭环。“无人机是一个平台，重要的是它上面搭载的是什么应用，未来无人机可以想象的空间很大。”

2014 年 12 月，亿航发布了 Ghost 的 SDK（软件开发工具包），任何一位开发者都可以直接调用，这也开放了更多联结其他智能硬件的可能。一位 LinkedIn 工程师用 Ghost 的 SDK 开发了一款声控 APP，由此就可以用语音指令操控无人机。InWatch 将 Ghost 的 SDK 装进智能手表，于是这款手表也能够随时启动一架无人机。

未来，在无人机的开放平台上，可能衍生出更多样的合作模式，让无人机与其他智能硬件搭配组合，对双方而言都有颇为可观的商业价值。熊逸放介绍，比如可以开发应用在 APP 上自动规划航线，应用到森林巡检之中，如农场主可以利用无人机进行农作物监测，林业部门可以在无人机上搭载红外线相机进行森林火点监测等。

目前，亿航端口已全面接入高德地图。“之后会与更多的应用场景联系起来，比如自动跟随或自驾游空中跟随等场景。”熊逸放称。

智能硬件领域的体验经济主要体现在企业对用户体验的关注和产品在应用场景上的创新。在熊逸放眼里，智能硬件企业要真正站在用户的角度考虑问题，把自己当作小白用户去思考，把自己变成傻瓜去体验，把死的产品变成活生生的体验。

前不久，一场关于无人机操纵方式的争论颇为引人注目。采用手机 APP 操控的方案带来了精准度、安全等的问题，亿航也招来了不少类似“不专业”“纯航模玩具”的质疑。

“开启创新的事业，就像打开潘多拉的魔盒，有好的也有坏的。我们愿意做吃螃蟹的人。我们的技术创新主要是为了大众而创新，我们希望每一个对无人机感兴趣的人，都能玩上无人机。”熊逸放相信，无人机市场未来不管是“红海”还是“蓝海”，一定会是海量用户的市场。

“无人机的革新还在继续。在我们看来，更持久的续航，更灵活的飞行能力和更方便的操控是其中一个努力方向。”杨镇全说。

■亿航速度

半年融资 1000 万美元　一年卖到 71 个国家

在全球产业链、供应链中，中国的无人机方阵正在找到自己的位置。在国际市场上，每10台商用无人机中就有7台来自中国。短短一年，亿航把无人机卖到了71个国家。

智能硬件领域掀起的“硬件革命”悄然到来，从智能手表、智能眼镜到无人机、无人驾驶汽车，各种创新硬件令人眼花缭乱。

在熊逸放和亿航的团队看来，席卷而来的创客运动将引导中国以硬件创新嫁接制造业，将中国制造变成中国创造，而他们正站在风口上。

亿航选择把总部设在广州，而工厂在东莞，依托珠三角完整的制造业链条，大量的工厂、资源、服务和人才资源托举起无人机产业的发展。

杨镇全说，广州是国际化的贸易大都会，无人机不仅仅在国内，在国外的市场也是非常巨大的，广州的政策和供应链等都非常符合做硬件的环境。

“美国最大的无人机生产公司还在为工厂制造而发愁。同样的产品在美国制造成本很贵，产品比中国制造的无人机要贵两倍。”熊逸放这样说。

在全球产业链、供应链中，中国的无人机方阵正在找到自己的位置。在国际市场上，每10台商用无人机中就有7台来自中国。

亿航也把目光投向了海外市场。全球智能硬件生态尚未形成，国内智能硬件起步早，加上众筹、跨境电商等渠道的快速成长，这让智能硬件团队“出海”的成本进一步降低。

“海外的用户黏性会远远高过国内的用户黏性。亿航近期将会把重点放在海外市场，而且主要是欧美发达国家。”熊逸放说。

中国制造如何“出海”闯世界，这是一道崭新的命题。而成立短短一年的亿航却迅速打通中国制造与海外的通道，把无人机卖到了71个国家。

在熊逸放看来，硬件出海需要全球本土化，就是本土化团队、本地化活动、海外用户运营。“简单来说，就是一定要用本地人、一定要参加本地化的活动、做好用户沟通和用户管理。”

熊逸放一个人提着行李箱到美国硅谷拓荒的华丽冒险被人们所津津乐道。2014年8月，他单枪匹马杀到硅谷，组建美国办公室。那段时间，他和刚招募到的小伙伴们马不停蹄地跑展会，参加各种活动，到处刷存在感。他和《连线》杂志前主编、美国无人机品牌3D Robotics创始人克里斯·安德森一同担任无人机论坛的对话嘉宾。在硅谷规模最大的高科技行业盛会硅谷高创会上，熊逸放从苹果联合创始人 Steve Wozniak 手里拿到了年度最佳创新奖。

“出海”闯世界并不是一帆风顺，时有风浪考验。

Ghost 无人机刚开始出货，有用户投诉：一打开包装就发现无人机的机壳开裂。追查供应链最终找到原因，原来是采用的材料和油漆在一定温度下会发生化学反应导致开裂，反应期间刚好是物流配送的时间。“我们对这些用户进行免费退换，提供一年的免费保修。如果企业要想做好创新，这些实打实的损失得承担。”

而由于无人机产品的独创性，亿航接到了沃尔玛、Costco 的贴牌订单。“一次三五万台，这个诱惑太大了，对于初创公司，做 100 次众筹也做不到这个量。”但是，亿航最终选择了拒绝。

“初创公司面临着来自资金、供应链等各种各样的压力，我们可以赚快钱，但我们觉得在这样的新时代，无论下西洋也好，下南洋也好，应该真真正正做自己的品牌，这是我们一直以来特别看重的事情。”熊逸放说。

中国制造业规模早已跃居世界第一，然而不少产品属于“为他人做嫁衣”的“贴牌产品”。在不少人看来，简单模仿已没有前途，贴牌生产难有丰厚回报，走别人的路只能永远跟在别人后面。熊逸放说，亿航无人机想改变人们从“中国制造”到“中国创造”的固有看法，而这也是很多 80 后、90 后的新时代硬件创业者想要做到的。

对话

广州亿航智能技术有限公司联合创始人熊逸放

用户体验也是一种创新

南方日报：你之前在新加坡创业，为什么会想回到国内重新出发?

熊逸放：国内有硬件人才、有工业链优势，在移动互联网的发展壮大中也已经培养了一批软件人才，国内整个的环境变得越来越开放，现在回国做硬件是再好不过了。所以义无反顾就回来了。

南方日报：从企业的角度，你们如何看待创新这件事?

熊逸放：核心。无人机是技术导向型产业，我们的产品能够被美国主流媒体所认同，就是因为技术和产品本身有不同之处。广州确定的创新发展的方向是正确的，只是大多数企业家不一定能够在创新方面做得很好。

这个年代要凭空造出一个产品，这叫创新，但这种机会不多。我们是把产品做到拓宽了用户群，去提供更好的用户体验。苹果不是第一个做手机的，也不是第一个做手表的。苹果在推出智能手表前，三星、LG、国内的山寨厂商已经生产了一大轮了。创新不仅仅是你技术比别人牛，而是你的用户体验能够打动人，用户体验也是一种创新。

我们做的就是用户体验的创新、交互体验的创新，这种创新可能是很不起眼的创新，把无人机操纵从遥控器变成手机，霎时间产品面对的人群就扩大了。同样是无人机，都能航拍，但是一旦使用人群不一样了，交互方式不一样，整个市场就大不同了。调度传统资源，不断地再分配，提高社会的运转效率，这些都是很棒的创新。

南方日报：从企业的角度看，在创新的过程中，政府应该扮演什么角色？

熊逸放：政府应该扮演锦上添花的角色。企业应该遵循市场化的规律，求生存，拥有核心竞争力。

记者观察

珠三角制造业必须嵌入全球产业链

在新经济崛起的时代，全球的制造、科技行业都面临着价格竞争日益激烈、消费需求愈发个性化和物联网等新技术不断兴起的趋势。

无人机产业的异军突起无疑是这一趋势下的产物。以深圳大疆、广州亿航等为代表的中国无人机走向世界舞台，印证着这样一点：面对全球供应链的变革、互联网等多渠道营销的运用和新商业模式的兴起，珠三角的制造业必须嵌入全球产业链、供应链中，从供应链的前端进化到中心位置，成为创新的动力源。作为无人机领军者的大疆有这样的认识：“创新最关键的不是‘从1到N’，而是‘从0到1’的过程。如果创新技术开创了一个行业，其领先优势难以撼动。”

亿航无人机在短短一年之间像火箭一样快速崛起，也恰恰说明了中国制造的强大创新潜力。美国学者克里斯·安德森在著作《创客新工业革命》中提到，第三次工业革命是“创客运动”的工业化，即数字制造和个人制造的合体，制造业公司想要获得成功，不一定要追求最便宜的价格，但一定要追求最快的速度，最迅速的创新、最迅速的流通。而驱动“创客运动”的各项条件，在珠三角都完全具备。

处于由“大”到“强”关键阶段的珠三角制造业，庞大的市场规模优势、完善的产业配套优势、多层次的空间梯度优势、升级中的消费需求优势，也成为推动“中国制造2025”在珠三角落地生根的核心力量。中国制造2025的提出，将为机器人、无人机、大型成套设备制造、基础设施制造等产业注入活力。应该看到，制造业从成本导向到价值导向的转变已经不可逆转。利用智能技术和网络技术提升制造业的产品质量、技术水平和商业模式，必将大力推动珠三角的产业升级发展，开辟出一片充满商机的新蓝海。

“我们当下的任务是找到创新的独特方法，使得未来不仅仅与众不同，而且更加美好，即从0到1。”彼得蒂尔在《0到1：开启商业与未来的秘密》一书中说，只有重新认识世界，才能重构世界，守护未来。让我们重新认识珠三角制造业，期待珠三角制造业从“从0到1”的每一次进步。

十、创新样本　超算中心为产业升级开动“超级大脑”

“天河二号”超级计算机，以每秒 33.86 千万亿次的持续浮点运算速度，第四次蝉联“世界冠军”……2014 年 11 月，全球超级计算机 TOP 500 组织在美国发布的全球超级计算机 500 强最新排行榜，再次引发业内关注。

大数据时代，对人类的数据驾驭能力提出了全新的挑战。某种程度上，超级计算机已成为衡量一国科技实力的标志。

“天河二号”是国家超级计算广州中心（以下简称广州超算中心）的主机系统。这个全球运行速度最快的“超级大脑”，正在为珠三角的创新开动脑筋：

——广州超算中心正在和广东省的一些家电企业合作，展开数字仿真设计平台研发，提高企业的设计水平，助力企业的转型发展。

——在超级计算机的帮助下，广汽研究院原来需要用时两至三年的新车型设计，可以缩短到 5 个月完成。

——华大基因利用“天河二号”开展极大规模基因组组装计算，获得了前所未有的效果……

广州超算中心主任袁学锋认为，科技部、广东省、广州市政府、中山大学、番禺区政府花重金建设超级计算中心非常具有战略眼光，它正在成为珠三角产业升级的“发动机”和“倍增器”，将促进粤穗地区和全国的产业升级和爆发式增长。

撰文：刘茜　实习生　曾雯　策划：姜玉龙　谭亦芳　郑佳欣　统筹：郑佳欣

它有什么用?

算天算地算人，可应用到多个产业

“天河二号”作为广州超算中心的主机，如今它的运用已渗入广州多个产业。目前，广州超算中心正在构建基因筛选和比对的大数据分析平台，这将成为国内相关研究方向的基础学科平台。

一个近3000平方米的大厅里，9列长达十余米的计算机机柜并排而立。这是位于广州大学城中山大学校园内的国家超级计算广州中心。

袁学锋告诉记者，截至目前，广州超算中心已经为国内外400余课题组提供了服务，并取得了显著成效。

“算天，算地，算人”——袁学锋用三个词概括超级计算机的应用：算天，可进行大气、空间和宇宙等研究；算地，可进行地矿、地震、地球深部探测等研究；算人，可进行人类基因、人体健康、药物反应等研究。

“最近，中科院上海药物研究所在‘天河二号’上进行了面向埃博拉病毒的虚拟药物筛选，在一天内完成了对世界上已知结构的4000万分子化合物的筛选工作，这使得天河二号具备了针对未知突发性的病毒，建立快速虚拟药物筛选的能力。”袁学锋说。

“上海药物所还利用‘天河二号’开展了75万个小分子化合物的结合亲和力评估，完成了600多个各类药物的体内外活性测试评价。”通过这一测试评价获得的500多个老药/天然产物/商业化合物，为医治恶性肿瘤、乙肝、糖尿病等重大疾病提供了新药研制的先导化合物信息。

目前，广州超算中心正在构建基因筛选和比对的大数据分析平台，这将成为国内相关研究方向的基础学科平台。

“天河二号”作为广州超算中心的主机，如今它的运用已渗入广州多个产业。

天河二号还适配了广州市电子政务数据管理系统、云盘存储系统等关键业务系统，为广州市电子政务和智慧城市建设搭建了一个高效可靠的承载平台，包括电子政务、电子教育、电子医疗、电子环境、电子灾害预报等业务都将在“天河二号”上实现。

“当前我国面临激烈的国际竞争压力，国内企业产业转型升级的现实情况也很严峻，在这样的背景下，‘天河二号’作为用于云超算科技服务的基础设施意义重大。超算的引进对珠三角将来的产业转型将起到关键作用。”袁学锋说。在他看来，近年来广东加快珠三角大科学工程创新体系建设步伐，积极争取国家重大科技基础设施建设项目落户广东，通过推进重大科技基础设施的建设和应用，加快提升原始创新能力。

它能做什么？

仿真分析工业环境 突破核心技术短板

“天河二号”可为用户提供完整的工业仿真环境。在大数据领域，广州可以说具有了突破核心技术短板的机会，在制造业上能更好地实现创新驱动发展。

广州超算中心的背后，是广州等珠三角城市加快大科学工程创新体系建设步伐，积极争取国家重大科技基础设施建设项目落户，通过推进重大科技基础设施建设应用，加快提升原始创新能力。

珠江西岸先进装备制造产业带规划在2015年初出炉，至2017年珠江西岸规模以上装备制造业预计实现产值1.5万亿元。

袁学锋介绍，“天河二号”拥有六大服务平台，其中一个是“装备的全数字设计与制造应用服务平台”。该平台致力于推动装备制造业信息化的发展，为用户提供完整的工业仿真环境，提供对产品设计、工艺设计、加工和装备等产品全生命周期各个阶段进行计算仿真的支持。

“基于模拟仿真的数字化技术可以有效预测产品在真实世界的性能，优化产品设计制造，缩短产品研发周期，实现投资的最大价值。”袁学锋表示。

这样一个案例印证了这一平台的作用：高铁线路中隧道众多、隧道内空间狭小，高速列车穿越隧道时产生瞬态冲击压力，其气压爆波对列车车体、隧道结构、人耳膜和周围建筑存在很大安全隐患。中南大学交通运输学院在天河二号系统上开展了高速列车气动数值计算，模拟了16车重联编组高速列车以每小时300公里车速在2公里隧道内交会等多个工况。

袁学锋认为，目前世界范围内正在酝酿新产业革命，其核心的内容就是如何利用以高性能计算、大数据和云计算为代表的现代信息技术，来实现制造业和实体经济的数字化、网络化和智能化。因此，广州超算中心的工作核心就是利用“天河二号”的云超算平台极大地提高珠三角的生产力和创造力，从而促进我国创新型经济繁荣发展。

目前，广州超算中心正在和广东省的一些家电企业合作，展开数字仿真设计平台研发，提高企业的设计水平，助力企业的转型发展。基于工业大数据，对产品进行寿命控制和可靠性设计，提升产品品质，实现企业的提质性发展。

“传统制造行业的转型升级，对原材料进行改进、开发新型材料就是其中一个重要方面。利用我们的平台可以实现用户对新型材料探索全生命周期的优化设计。以当下热门的3D打印为例，通过对新材料的数字化设计和工艺优化实现材料制造的颠覆性创新，广州超算中心可以为材料和制造方面的高性能计算、材料大数据和云计算提供支撑。”袁学锋说。

广州超算中心常务副主任卢泽新说，拥有了“天河二号”，在大数据领域，广州可以说具有突破核心技术短板的机会。“制造业经过30年的发展已积累了一定的技术基础和研发能力，抓住超算和大数据应用这一机遇，广州完全有可能实现战略性的重点突破、重点跨越，在制造业上实现创新驱动发展。”

目前面临哪些挑战？

认识误区和人才匮乏成发展软肋

“云超算目前还处于萌芽期，市场不发育，在欧美很多国家都是由政府埋单。所以超算要实现商业化，走市场化道路，需要有个培育期。”

■被超算影响的生活

“天河二号”或将成为“健康管家”

在袁学锋看来，超算涉及的方方面面应用都将会改变我们的生产和生活。利用“天河二号”创新性地开展生命健康管理、提供个性化的医疗服务，构造具有全生命动态信息的数字人，打造针对复杂系统的云超算和大数据创新生态圈是将来超算最有意义的事情。

袁学锋谈到，当我们的生命个体出现问题时，从系统学说的观点来看，认为是人体生理信号调控网络出现了问题，导致疾病的发生。基于社区共识的虚拟人体新陈代谢网络图，利用“天河二号”就可以实现生物大数据对健康管理的应用。“比方说当你在犹豫今天吃不吃这个汉堡包时，这个系统可以根据你一天新陈代谢的数据信息来分析和评判，在对你各项身体指标进行计算的基础上建议你今天该不该吃这个汉堡，实现生命体的健康管理。”

而在个性化医疗服务上，袁学锋列举了个性化腹部动脉肿瘤的三维建模案例。“当我们有了人体器官部位的影像资料后，可以在‘天河二号’上进行数据建模，构造出一个逼真的虚拟器官。在这个平台上我们的手术医生可以清晰、直观地看到这个血管瘤到底长什么样，通过对血管瘤数据进行分析，可以让医生制定合理有效的手术方案。”袁学锋谈到在这个数字建构的虚拟环境下，甚至可以让医生进行人机互动，让医生在实操手术之前进行逼真的手术练习。“这对于一些难度较大、情况较复杂的手术而言，提高它的成功率是有很大帮助的。让医生在术前通过虚拟操作可预计手术当中可能出现的一些状况，制定完备的应对措施。”

数字人是信息科学和生命科学结合点上的一个新的研究领域，通过计算机技术，将人体结构数字化，经过三维重建和虚拟技术的处理，在电脑屏幕上出现看得见的、能够调控的虚拟人体形象。“在医学临床上，当高度掌握计算机融合技术后，在数字人体上精巧的手术模拟将与病人影像现场的采集融为一体，进行理想的虚拟导航手术。而这些影像的处理、数据的分析和建模都可以在‘天河二号’上实现，并通过云技术投送到临床医生的工作台前。”

在袁学锋看来，“天河二号”的这个平台从原子、分子、细胞、个体、群体和生态系统等多个尺度系统地解决生命科学中的各种问题，通过研究不同空间尺度和时间尺度上生命活动与环境的相互关系，解释生命现象的规律和本质。“通过软硬件结合，这个平台可为用户提供集生物信息分析，药物设计和筛选，医学大数据分析和数据挖掘一体化的一站式服务。”

“随着科学算法的进步，我们能够模拟的事情越来越多，而且计算量越来越大。”中国工程院副院长、院士徐德龙在考察“天河二号”后如是说。

“超算是连接产业和科学的桥梁，它提供硬件和软件支持，将两者进行有机交叉和结合，实现科技成果向产业转化。”在徐德龙看来，“以‘天河二号’可以打通构建信息化的学科链，孕育新工业革命的产业群。”

卢泽新也认为，“天河二号”最为迫切的任务是把它运用到为经济服务上。在他看来，产业升级方面，大数据的市场发展前景是非常广阔的。珠三角以及港澳地区，均有大量的数据运算需求。以广州地区为例，共有规模以上医药企业 86 家，产值近 180 亿元，均拥有极高的药理试验性数据运算需求。

然而超算产业应用普及方面仍面临巨大挑战。

“云超算目前还处于萌芽期，市场不发育，在欧美很多国家都是由政府埋单。所以超算要实现商业化，走市场化道路，需要有个培育期。”袁学锋说。

袁学锋认为，让企业家们能认识到、看到超算能给他们企业带来的改变和提升，积极引导企业用超算是极其重要的。

“一个是认识上的误区。我们有先进的技术和设备，也有很多企业其实都有这方面的需要，但他们没用过云超算，也就不知道用云超算能够形成的竞争优势。满足于在小型服务器上处理数据。另外，很多中小型企业承担市场风险的能力较弱，仍需要政府的扶持。”

“再一个是缺少能驾驭云超算的专业人才。”袁学锋说。

据了解，现在很多企业还不具备使用超算的人才。“超算中心提供硬件和软件平台，若企业内部有会使用超算的人才，推广工作就会顺畅得多。”袁学锋说。

应用领域

●算天，可进行大气、空间和宇宙等研究

●算地，可进行地矿、地震、地球深部探测等研究

●算人，可进行人类基因、人体健康、药物反应等研究

对话

广州超算中心主任袁学锋

云超算产业

根本出路是培育市场

南方日报：您提到在每年使用超算 50% 的情况下，超算一年的电费要花 1.3 个亿。这么大费用如何维持？

袁学锋：看似很高，事实上若分摊到每一个用户，其实并不高。如按每核小时 0.1 元计算，在超算中心每天使用 10 小时与一个四核 PC 相当的计算资源，用户只花费 4 元。要发展可持续发展的云超算产业，根本出路仍是培育市场。

南方日报：科技体制改革，科研院所都要下海养活自己，超算可能将来也要实现市场化运营。

袁学锋：无论是中国还是欧美、日本等超算大国，在超算中心商业化的问题上都遇到了困难，几乎所有的超算中心运营都需要政府的财政支持。对于“天河二号”这样庞大的系统来说，如何让它为产业升级服务并且实现商业化，值得持续探索。

南方日报：你希望政府如何扶持超算中心？

袁学锋：政府会制定优惠政策，建立专项扶持资金，鼓励高校和企业利用“天河二号”的云超算平台促进“产学研政金”和“互联网社区创客”的协同创新，加大云超算人才的培养力度，加速创新驱动发展。事实上国家自然科学基金委和广东省、广州市政府的两项联合基金，“超级计算科学应用研究专项”和“大数据科学研究中心专项”较好地解决了高校、科研机构利用“天河二号”的需求。我们超算中心还在推动设立扶持“中小企业和互联网社区创客”在“天河二号”创新、创业的专项基金。

记者观察

大数据时代

“国之重器”应大显身手

大数据技术正在带来一次革命，大数据不仅意味着海量、多样、迅捷的数据处理，更是一种新的生产要素、一种创新资源和一种新的思维方式。大数据可以从产业结构调整、传统制造业升级、商业组织、“互联网 +”和“大众创业，万众创新”等方面影响经济增长方式，助推创新驱动发展。

然而大数据与超级计算机又密不可分。“即将到来的大数据时代，更是对人类的数据驾驭能力提出了全新的挑战，运用超级计算机解决大数据时代的重大问题迫在眉睫。”《大数据时代》作者舍恩伯格如是说。

在信息爆炸和科学不断进步的时代里，要推动一个领域继续向前发展，超级计算机的存在必不可少。如今，超级计算机已成为衡量一国科技实力的标志。

大数据技术，绝不仅仅是信息技术领域的变革，更是一种技术性战略资源，它使各种物质生产要素因新技术的介入而提高创新能力，形成内生性增长。从“天河二号”我们也看到大数据技术的巨大威力。

然而自2013年以来，大数据应用基本上还是发散状，并没有形成燎原之势。超算还仅仅用于科研，在提升产业方面还没有显示出更大的成效。

袁学锋说，如果利用天河二号推进网络智能制造，智能制造将从数字制造转变为依托大数据、云服务的协同，共同分享网络协同的运营服务。宽带网络、云计算、3D打印，信息开放获取、交通物流、全球市场等，就能为智能制造创造了全新的自由创造、公平竞争、高效合作的网络创新和制造服务的环境。

因此他们希望，政府对那些有需要的中小企业上机费用进行补助。“只有当超级计算机的能力为社会广泛应用时，人人可以公平自由参与、竞争合作、创造分享的一种全新方式，大数据时代才能发挥它应有的作用。”

十一、创新样本　云宏：展望云端　菜鸟要高飞

如果不是4月底一场由政府主办的科技产品对接会，相信云宏的名字不会那么快地出现在公众的视野。这家看起来“不起眼”、藏身于华农校园的中小企，既非本地明星企业，又非行业隐形冠军，它的生命力来源于哪里？

答案是创新。

伴随着网络安全、信息安全成为热门话题，从软件到硬件的“国产化”浪潮正在开启。直接受益的是IT产业。云宏专注云计算虚拟化，国内类似厂商总共不到10家。这家成立不到5年的公司，却成功研发出虚拟化平台CNware、云计算管理平台WinCloud、云存储平台WinStore等产品，累计获得软件著作权、软件产品等级和专利等125项。在国产软件化的应用和推广上拓展出了自己的一片天地，让人侧目。

“我们把自己的虚拟化产品取名叫CNware，CN第一代表中国，第二代表‘菜鸟’。我们期望做一只能够展翅高飞的‘菜鸟’。”

云宏背后，是广东在云计算发展和关键技术方面的谋篇布局。2014年底，《广东省云计算发展规划（2014－2020年）》正式发布。到2020年，云计算产业核心竞争力显著提升，云服务产业规模达3000亿元，云终端制造产业规模达到6000亿元。

云计算和大数据打造的“互联网+”时代正呼啸而至。云宏能否乘势而上，在云端翱翔，为中国云计算发展撑起一片天空？

撰文：朱伟良　实习生　任俊锰　策划：姜玉龙　谭亦芳　郑佳欣　统筹：郑佳欣

第三次IT浪潮

“国产化”让自主品牌迎新机遇

近年云计算技术频频被提及，因涉及信息安全，云计算国产化成为IT行

业的焦点。许多被国外厂商垄断的行业和客户开始对云宏敞开了一条门缝。

华南农业大学公共管理学院，树荫中的一栋三层旧楼，便是云宏的总部。在蝉鸣阵阵的炎夏，作为公司创始人的张为杰正在组织团队，紧跟国际潮流，改进其云计算虚拟化技术。在云计算高速发展的时代，云宏需要抓紧每一次机遇。

张为杰在2008年开始注意到云计算技术的趋势，2009年筹备成立团队，直到2010年云宏公司才正式“面世”。“之所以选择云技术，是因为之前经常接触IT业务，意识到云计算必然是第三次IT浪潮。这是从事IT行业的好机会，也是国内IT行业可以实现弯道超车的路径。”他说。

“在技术上，很多企业不愿做底层研发，但是从未来看，这是很有价值的。”张为杰回忆，创业前几乎没有国内企业从事云计算，所有人都在质疑云计算太过高深、玄妙，也有高校的专家学者认为，这只是一个概念，没有实际应用的意义。当时他也迷惑过，“这个技术到底行不行？一些专家学者说得很对，云计算的关键所在就是虚拟化，从虚拟化的工具到虚拟化的管理，到最后是云计算的管理。”他说，企业不愿涉足，一方面因为技术门槛很高，另一方面离“钱”比较远。

说到云计算虚拟化不得不提到美国的VMware。直到现在，VMware仍占有大部分的中国市场。张为杰说，国内到2014年才开始涉足底层虚拟化，严格意义上能做出较为成熟产品的公司只有两三家，华为算是其一，但其依赖的是雄厚的人才和资源实力并为其硬件配套，而能在此领域独立研发且服务市场的中小企少之又少。

近年云计算技术频频被提及，因涉及信息安全，云计算国产化成为IT行业的焦点。

张为杰分析，国产化替代趋势的兴起有两个背景：第一，中国经济迅速发展，但目前尚未占领信息技术发展的制高点；第二，中国拥有巨大的国内市场，可为本土企业的生存与发展提供土壤。“根据中国IT业近20年来的发展情况，中国优秀的本土厂商完全有能力逐步赶超国外领先企业，但这条路有诸多艰险，必须做好充分的心理准备。”他坦言。

国产化机遇对云宏来说至少意味着两点。

一方面，市场空间拓宽。许多被国外厂商垄断的行业和客户开始对云宏敞开了一条门缝。云宏要做的就是先从门缝中挤进去，然后通过自身的努力逐步赢得客户越来越多的信任与支持。“打铁还需自身硬，必须要靠云宏自己。”张为杰说。另一方面，随着国家出台了一系列鼓励政策，越来越多的中国本土企业会加入到国产化基础软件的大军中，这意味着不久的将来，市场竞争将加剧。云宏只有跑得更快，才有机会脱颖而出。

核心竞争力

虚拟化和开放的平台

云宏的核心竞争力是云计算领域里面的关键技术——虚拟化。技术由于门槛比较高，鲜有国内企业从事研发，云宏公司花了近五年时间才实现其产业化。掌握虚拟化技术，毫无基础又非“技术控”创办的云宏是如何做到的？云宏的秘诀是——人才和理念。

在巨头竞逐的云计算领域，成立短短几年的云宏却拓展出了自己的一片天地，让人侧目。云宏已经拥有一个相对完整的云计算产品体系，包括 WinCloud 云数据中心管理平台、CNware 虚拟化平台、winstore 云存储等。张为杰给云宏制定的战略是：从一开始就关注架构的顶层设计，制定了 3—5 年的发展规划，并根据客户的需求不断调整和完善产品架构。

云宏的核心竞争力是云计算领域里面的关键技术——虚拟化。技术由于门槛比较高，鲜有国内企业从事研发，云宏公司花了五年时间才实现其产业化。虚拟化的作用在于将物理服务器的资源自由组合，“之前只能提供一套应用服务，因为有了虚拟化，可以把它虚拟成 10 个、100 个，相当于把一块东西切割成 N 块，之后还可以自由组合，进行统一调度”。

张为杰以最近的高考为例：“过一段时间很多考生就会查分，不管通过电话、网络还是其他方式，最终都需要服务器的支持。其中存在两个问题，一个是网络问题，另一个是后台大系统的计算。”他预计，查分可能就集中在一两天，这时候就会达到一个峰值，如果不用虚拟化技术，使用并联的方式做成一套服务器的组合，系统难以处理如此庞大的数据量，不能支持其他的选择，就会出现网络卡顿。如果利用虚拟化的方式，就可以将数据中心里面闲置的资源进行调配，以实现充分利用。“例如把支持教育局网站的资源调出来，分配到查分系统。”

掌握虚拟化技术，毫无基础又非“技术控”创办的云宏是如何做到的?张为杰的秘诀是，人才和理念。

云宏的初创团队一方面是一些对云社区有兴趣、有研究的人，另一方面是传统IT行业“跳槽”的人，这些人基础丰厚，掌握硬件、软件跨界能力。“实际上也反映了困境，当时没有人做云计算的人才，相当于没有这工种。做这个事情要冒险，自我解嘲是‘无知无畏’。”张为杰回想从前，也承认“搭台”难度之大出乎意料。

初创时只有六七个人，他任第一任总经理，其他人也是身兼多职。作为创始人的张为杰把公司比作房子，研发团队将砖、钢结构按照规划搭建，跨界团队则把握公司的发展方向。“就是跳出软件开发的思维，利用非技术层面的理念，考虑用户体验，考虑其他技术、行业的整合。”

他说，关于平台开放与否的理念就是两个团队配合而成。“苹果IOS系统与安卓系统相比，IOS系统是封闭的，安卓是90%手机厂商的选择，因为它是基于开放的。如果苹果的创新能力消失，那么这个IOS系统很快就会消失。我们思考的是，技术需要被应用，技术的生命力应该着眼于长远，如果团队没有能够使一项技术在更长远的路上发挥作用，很快就会被新的技术所取代。”

彼时，张为杰和技术人员每天开会到凌晨两三点，“最终是技术与非技术观点的结合，企业要走平台开放的路。”他说。

在广州云计算安全与测评技术重点实验室主任赵淦森教授看来，云宏产品最大的特色就是能兼容不同品牌的服务器，提供高性价比的解决方案，比如云宏WinCloud能够兼容x86和小型机架构，同时还兼容XenServer、VMware、PowerVM等多种虚拟化技术。使用户企业在搭建云数据中心时，不受限于当前的基础设施。

“小米式”的用户思维

从用户需求出发

作为中国本土的云计算厂商，云宏的另一个优势是研发、产品和服务更贴近国内用户。云宏有一套快速响应的服务机制，不仅可以及时为客户解决应用中的问题，而且能够迅速地响应客户需求，完善功能。

据介绍，云宏的云计算产品 WinCloud，在设计上遵从两个最基本的原则，被称为坚强的“内心”与丰富的“表情”。张为杰介绍，为了拥有一颗坚强的“内心”，云宏把云计算体系中比较麻烦的跨平台、跨操作系统、跨计算架构的问题放到虚拟化这个层级来解决，这样可以集中注意力来处理软件定义存储、网络功能虚拟化等问题。

而丰富的表情则意味着，云宏的产品能够根据不同客户的需求进行不同功能和流程的调整。除了模块化开发、弹性流程组合以外，云宏还可以为客户进行个性化需求定制。“我们现在服务的客户包括通信运营商、金融企业、政府、云服务提供商等。它们的需求存在差异，但云宏均能通通满足。”他说。

张为杰表示，云宏学习小米的用户思维，从客户需求出发，使产品更贴近客户，显著提高了云计算解决方案的性价比，这让一些规模不大的企业也能从云中受益。相比起国外的厂商，云宏更加注重云计算解决方案的安全性，将用户的使用、数据的传递、信息的防护几方面结合起来，并将安全性、可靠性作为解决方案中的重要一环。

张为杰举例说，有些客户先期使用了其他厂商的虚拟化工具，之后又部署了云宏的云计算解决方案，这时就要考虑如何将新旧系统统一管理起来，避免系统建设推倒重来，从而提高资源利用率。“为此，我们专门开发了跨平台的解决方案，能够兼容 x86 平台与小型机，为客户提供多种选择。”

运营商是国内最早重视并采用云计算的客户，云宏也是从为各省市运营商服务起步，它主要向运营商提供私有云和公有云的技术和解决方案、云数据中心运维服务、虚拟化管理平台等。2015 年，云宏把运营商在云计算方面的经验延伸到其他行业，包括南航、银行、中小企都在合作中。

赵淦森表示，云宏专注云计算虚拟化，国内类似厂商不到 10 家，比较有名的只有华为、浪潮等。云宏还缺乏大规模如 1000 至 5000 台服务器稳定运作数年的经验，在与国外厂商如 VMware 的比拼中，还处于劣势。

但回过头来看，互联网的发展，国内云计算市场正在扩大。仅腾讯就有十几万台服务器运作，而奇虎 360 每年的服务器采购就达 3 亿元，国内厂商具备快速成长的土壤。

大风将至，谁能乘风而上，飞上云端？

“包括云宏、浪潮、杰赛等国内云计算技术企业未来两年将驶入快车道。”赵淦森说，VMware 早在 1998 年创立时也只是小企业，他们的 5 个创始成员开发了一个虚拟化管理程序被商业广泛使用，从寂寂无名到成为国际巨头，他们也足足熬了 8 年。相比 10 年前，现在云计算的创业环境和认知度都在改善，云宏们有足够的成长空间。

张为杰说，国内云计算厂商已经起步，但实力很弱，声音还很小。与云计算巨擘 VMware 的比对中，富有野心的云宏 2015 年 3 月便在新三板挂牌，它还在创新的路上奔跑。

对话

广州云宏信息科技股份有限公司创始人张为杰

创新就是数不清的通宵 + 不断的测试

南方日报：在您看来创新驱动需要什么支撑？

张为杰：现在的团队有 200 多人，在北京、贵州等地也有分公司。这些年，创新资金累计投入超过 6000 万。后来有认可我们的创投加入，完成 A 轮融资，现在又在新三板挂牌，能更好地借助资本市场的力量进行技术创新。创新驱动背后需要大量的资本投入、人力投入、时间成本等。技术创新就是数不清的通宵、日日夜夜对着电脑一行一行地写代码，之后进行不断的测试，找到最佳的方案。面对的是多种服务器，要求软件的操控性非常强，这些其实都是非常苦的事。

南方日报：是什么支持您坚持云计算创新？

张为杰：在创业之前研究过云计算的未来和专家的看法，我认为这是未来的大方向；其次，感觉到自己血液中仍然流淌着激情。其实，当时已经买了几套摄影器材，想要主业学习摄影，副业是凭借以前的经验做投资管理咨询。但是决定创业之后，一直忙于团队组建、磨合、发展方向、养活团队，坚定信心，为此付出了几乎全部的精力。

在这过程中，也有想过退出，之所以没有退出是因为责任。太多人为加入这个团队放弃了外企、国企的高薪厚职。对于我来说，创新最多是投入打水漂，这我早有准备。但是对于他们，会留下一辈子的挫败感。在特别黑暗的时候，支撑我的就是这种责任感，面对这些兄弟，没有理由退出。

南方日报：在与国际云计算厂商的竞争中，云宏短短几年能够找到自主创新发展路径，让不少人十分佩服。秘诀在哪里?

张为杰：我创业时已经40岁，经过五六年的创业，头发白了大半。我信奉一句话，激情成就梦想，责任承载未来。如果没有激情，就不会有梦想，但是只有激情，没有责任，怎么去承载未来? 我认为，激情可以将东西点燃，画出蓝图，但是要使之成为现实，就需要责任。这句话给创业的我们非常深的感触。

记者观察

小“菜鸟”的国际大野心

在传统IT领域，无论是产品、技术，还是市场，中国与国外都有一定差距。但随着云计算、大数据等浪潮的兴起，以及政府对信息技术安全的重视加强，本土的云计算厂商迎来了弯道超车的好时机。

在与云宏企业接触中，除了创新，还可以自上而下直观地感受到他们的狠劲和闯劲。就像一个富有野心的小伙子，梦想能闯出一番新世界。张为杰理解为激情与责任，但也有专家认为这是很多国内企业所缺乏的野心。

与云宏野心相对应的，是云计算发展的宏大背景。刚过去的5月，一系列的支持性政策已经出台，其中以国务院《关于印发中国制造2025》的通知最引人注目。该文件提出，工业互联网大数据云计算生产制造、销售服务等全流程和产业链的综合集成应用，要进行工业云及工业大数据创新试点，建设工业云服务和工业云平台等。

有专家表示，虽然广东在云计算产业发展方面有较快发展，但与国外云计算厂商的先发优势相比，整个国内的云计算产业还存在关键技术攻关有待加强、龙头企业引领效应不够明显等问题。而在云宏举办的对接会上，政府向外界透露这样一个信息：广东本土企业自主研发的产品有望解决以上问题。

有专家认为，虚拟化是构建云计算平台的关键技术。一直以来，类似云计算方案都采用国外企业的产品。而云宏通过和国内硬件厂商的合作，推出的软硬一体化的云计算解决方案，打破了国外企业对关键技术的垄断，在云计算全球浪潮中，能加速推动广东省乃至中国云计算的应用和普及。

具备了这种大时代下的国际野心，云宏在与国际云计算厂商的竞争中从不怯场，在找到自主创新发展路径的同时，未来更期待在国际市场上谋得一席之地。

广东云计算产业布局

《广东省云计算发展规划（2014 - 2020 年）》在 2014 年底出炉，其中提出：到 2020 年，培育 15 - 20 家具有自主研发实力和国际竞争力的云计算骨干企业，建立 2 - 3 个自主创新能力强、具有国际竞争力的国家级云计算产业基地。95% 以上的个人互联网用户使用公共云计算服务。

十二、创新样本　“一呼百应”能否诞生新马云?

艾瑞统计数据显示，2014 年中国电子商务市场交易规模 12.3 万亿元，其中中小企业 B2B 电子商务占比一半，B2B 电子商务合计占比超过七成。李克强总理提出的“互联网+”战略及国务院“电商国八条”都力挺电子商务发展，作为电子商务主流形态的 B2B 电商就此被推为国策，推动与资本关注的巨大风口。一个规模以十万亿计的巨大市场正在浮出水面。

位于广州开发区的一呼百应（YOUBOY）2015 年完成了从“搜索类 B2B”向“线上交易 B2B”的蜕变，一呼百应全新的原材料阳光采购商城已于 3 月 18 日开始上线内测，目标全年交易流水达到 100 亿元。2014 年中国工业总产值达到 22 万亿元，当传统生产制造型企业的线下采购进入线上交易时代，B2B 行业将迎来黄金发展期。

作为最早向线上交易转型的 B2B 电子商务平台，“一呼百应”2014 年被美国《快公司》杂志评为“中国创新企业 50 强”之一。“一呼百应”的目标是打造全球第一的、专业的中小企业供应链原材料采购平台，服务于中小企业在线交易。

●**撰文：曾妮**

一呼百应

中小企业原材料采购平台

“一呼百应”成立于 2005 年，起初在佛山，2011 年作为电子商务重点企业被引进广州开发区。2014 年，“一呼百应”正式完成了向 B2B2.0 线上交易升级的战略布局。

商机搜索是 B2B 电子商务的 1.0 时代，线上交易是 B2B 电子商务的 2.0 时代。从 1.0 到 2.0，就像从原始社会迈进文明世界。

“一呼百应”副总裁张光远表示，传统的 B2B 模式提供基于专业信息服务基础上的检索、排名、推广等服务，只提供信息发布，不涉及交易；给企业的印象是，他们服务于企业的销售部门。“一呼百应”经过调研发现，目前国内没有一家电商平台专注于服务企业的采购部门。有了这个发现后，“一呼百应”想“收回来”，专注服务于生产制造型企业的采购部门。

转型之后，“一呼百应”得到了更多关注、更多用户、更多风投和更多交易。2014 年，“一呼百应”完成了一轮 3000 万的融资；2015 年 3 月 18 日，全新的原材料阳光采购商城上线内测；截至 5 月底，“一呼百应”注册用户达到 570 万，平台综合实力处于第三位，仅次于阿里巴巴和慧聪。目前，“一呼百应”正在筹备挂牌新三板，已着手进行股改。

商业模式

把采购环节搬到线上

传统的原材料采购模式有几个显而易见的制约：采购商寻找供应商的方法很原始，不外乎是听朋友介绍，到某类产业聚集区去挨家考察询价或者上网搜索。完成一家优质供应商的考察，至少需要一周时间。采购关系一旦达成，采购商不会轻易更换供应商，也因为如此，采购商的议价能力受到一定局限。此外，采购过程没有实现信息化，管理效率较低，容易给采购人员留下灰色地带。

“一呼百应”用了很多时间研究和思考生产制造型企业采购部门的痛点，把对采购部门的服务全面融入原材料采购线上交易中。

在“一呼百应”精心设计的商业模式中，他们给采购商提供的第一个价值，是可以直接降低采购成本。只要将采购环节搬到线上完成，“一呼百应”就按照交易额 1% 的比例给采购商发放补贴。比如，一笔 100 万元的原材料采购，可返还 1 万元，相当于采购成本降低了 1% 。

广东照明灯具企业雪莱特 2014 年有两个亿的采购订单在“一呼百应”进行线上交易。这两亿元之前是在线下进行的，其供应商中有三四个关系很好，合作很稳固。“一呼百应”邀请雪莱特把这个交易流程平移到“一呼百应”的平台来。这两亿元的交易，“一呼百应”不收取任何费用，对雪莱特还有交易额 1% 的返点。

此外，“一呼百应”的采购平台还能帮助采购商完成备选供应商库的甄选和建立。实现线上采购之后，原有的采购商和供应商关系不变，但是别的供应商得知商机，会将报价等信息发送过来。在此过程中，采购商能建立备选优质供应商库。如果原来的供应商突然涨价或供应短缺，采购商可以立即启动备用供应商。

在线交易带来的采购大数据为企业采购决策管理提供了依据。由于实现了线上采购，所有的采购数据都会保留在系统中，采购人员不用再到处翻查单据。“一呼百应”阳光采购系统还具备库存警戒提醒功能，如果库存低于警戒线就会提醒采购人员，就连货物在途运输时间也计算在内。

“我们对于客户的回访显示，无论是采购商还是供应商，对于‘一呼百应’的平台服务认可度都很高，这给了我们很多信心。”对于“一呼百应”的未来，张光远信心满满。

盈利模式

商机分发是最大赢利点

热热闹闹的电商盛宴，几家欢乐几家愁。就连京东也曝出从 2014 年到 2015 年一季度净亏的消息。“一呼百应”的盈利模式是什么？

在“一呼百应”的阳光采购商城上入驻的企业，如果要开通交易功能，需交纳年服务费和保证金，最低 6 万元，最高 10 万元。如果交易达成，平台将向供应商收取一定的交易佣金，但是前期推广阶段，交易佣金基本上会以促销的形式免掉，实际上一到两年内不会收取佣金。

“一呼百应”最重要的盈利模式是商机分发。百度和阿里巴巴最大的盈利模式是流量分发，平台达到天量访问量，然后把流量卖给入驻商户；而“一呼百应”看准的是“商机分发”。

张光远说，“一呼百应”采购平台拥有海量的供求信息，这些是商机分发的基础。比如采购茶壶，采购信息发布以后，“一呼百应”系统就会自动匹配供应这种茶壶的供应商，把这个采购信息分发给他们。平台开发商机浏览支付系统，如果供应商点开链接浏览商机信息，平台将按照点击量收费。

“商机分发的效率理论上比流量分发可以提高四倍。”张光远一语中的，因为企业都是奔着盈利去的，商机对于他们来说是刚需。商机分发基于确切的供求信息，比流量分发投放更为精准。一旦用户养成习惯，平台会进入

“自生长”阶段。一旦越过盈亏平衡线，利润率将呈几何级增长。

B2B电商要解决三个流——信息流、资金流和物流，1.0阶段基本解决了信息流的问题，2.0阶段要通过实现从信息匹配到交易达成的突破，最终赚取的是交易佣金和其他增值服务。

基于“一呼百应”阳光商城的交易数据构建的企业诚信体系，以及基于这个诚信体系建立的金融增资服务平台“有求必应”，未来也有望成为“一呼百应”的“大蛋糕”。“有求必应”为企业在供应链端提供金融服务，2015年3月底刚刚启动。

张光远说，中小企业融资难，根本原因在于风险控制难。“一呼百应”从采购平台积累了大量的交易数据，从数据中完全可以看出企业的诚信度和抗风险能力，并根据这些数据撮合企业和金融机构进行贷款服务。“目前‘有求必应’刚刚迈出第一步，但效果很好。这个是中小企业的痛点、刚需。”张光远说。

目标

三年后交易流水达千亿

艾瑞统计数据显示，2014年中国电子商务市场交易规模12.3万亿元，其中中小企业B2B电子商务占比一半，B2B电子商务合计占比超过七成。

张光远对B2B2.0时代开启“蓝海”充满信心：“我们能够成功，是因为我们把握了B2B的本质。淘宝卖的是茶壶，阿里巴巴是批发茶壶，区别只是在于从消费型变成了贸易型。B2B的本质在于建立上下游供应链体系，这是电商市场最大的蛋糕。以前没有人做过，这个事情会很难，但是对我们意味着机会。‘一呼百应’在国内是首创的、第一家专注于采购部门定位切入B2B的电商平台，也是最早实现B2B线上可交易的平台。”

截至2015年6月10日，“一呼百应”注册用户已突破570万。他们的目标是打造全球第一B2B阳光采购平台，三年实现平台交易额达到1000亿元，构建基于可交易的中小企业产业集群的供应链生态系统。

未来几年，“一呼百应”要从一个营销驱动的公司发展成为技术和产品驱动的公司。目前，技术团队在整个公司的比重占到30%，未来还会更高。市场团队和服务团队人员在“一呼百应”占比也很大。“一呼百应”是首家承诺销售额的平台，入驻企业销售额低于100万不收任何佣金。服务团队按照行业进行划分，以便于深入研究企业需求，帮助企业真正做成生意。

在中国的电商版图中，华北（北京）有京东，华东有阿里巴巴，华南的广州尽管也培养出了唯品会，但体量与前两者不可同日而语。“千年商都”广州能否诞生震动全国、影响时代的电商平台？让我们拭目以待。

访谈

张光远：

B2B平台正迎来洗牌机会

谈起“一呼百应”这个名字的由来，张光远解释说：“‘一呼百应’的英文名youboy是‘侍应生’的意思，包含‘为你服务’的含义。”创始人戴森早年曾在一家日本IT企业做过销售员，这段经历让他认识到IT系统对企业的重要价值，更重要的是学会了站在用户的角度看问题。

“一呼百应”花很多时间在调研和思考用户的需求，这种“买方思维”帮助他们抓住了B2B的本质。“B2B并不是一个新鲜事物，从电商交易起步时，人们就意识到B2B是最大的市场。”张光远谈到，B2B10多年来基本上是平稳增长，迈向“线上可交易”是近几年的事。这是因为大宗交易对交易环境的认同与零售消费有很大的区别，买100元的东西和买100万的东西是不一样的。消费者在网上花100元买了假货可以退，但花100万买了有问题的材料，就会影响整个企业的运营。

启发“一呼百应”的是珠三角中小企业的需求。“互联网+”是互联网加传统产业，任何一个行业，会需要互联网手段去提升效率，一呼百应能提供的是生产型制造型企业的信息化和电商化。传统企业电商化核心体现在两个方面，首先是销售渠道的电商化，就是卖东西；其次是采购工作的电商化，就是一呼百应正在做的事情。

李克强总理带头推广“互联网+”背后，是企业层面确实到了一个需要通过网络交易来优化流程提升效率，最终实现资源在全社会甚至全世界层面优化配置的当口。时间窗口打开了，B2B平台正迎来一次重新洗牌的机会。

“一呼百应”致力于打造和构建基于可线上交易的、新型的中小企业供应链生态系统。“当每个行业的优质企业都在这个平台交易，我们就变成行业的生态系统；如果你不来，就等于离开了生态系统。谁都知道，企业离开生态系统，就等于边缘化。这个平台的黏性是非常强的。”张光远说。

撰文　曾妮

记者　观察

千年商都嫁接现代科技

站稳电商与互联网“风口”

近段时间，广州最热的地方是琶洲，最火的产业是电商。5 月，广交会所在地的琶洲 A 区拍出 10 个地块，价值近 100 亿元。琶洲 A 区被定义为广州的“电子商务和移动互联网产业总部示范区”，未来 3—5 年内培育成千亿元级的产业集聚区，其集聚的科技将为千年商都注入新鲜的血液。

真正让人津津乐道的是未来进驻企业的名称：腾讯创新产业基地项目、阿里巴巴华南营运中心、复星集团南方总部、国美电商、苏宁易购、小米手机、唯品会、UC、YY 等。这些要跟广州一起“玩要”的企业代表着当下电子商务和互联网思维潮流。

作为千年商都的广州，一贯拥有敏锐的市场嗅觉。“一口通商”时期的广州，早在明清就形成“万邦来朝”的贸易盛况；拥有 58 年历史的广交会一直是中国出口商贸风向标；在移动互联网潮流中，广州庞大的商贸业体系早在几年前便借助互联网和电商开疆拓土，未曾有过一时倦怠。

最近十年，广州努力往移动互联网产业布局，利用工业园区腾笼换鸟 + 电商改造的模式，传统商贸业和专业批发市场得以转型升级，广州商贸业在最近十年里未曾输人一步。但是，以移动互联网技术和思维为基石的 B2B、B2C、O2O 商业模式则几乎没有一家发端于广州。千年商都长于渠道，失于技术。传统专业批发市场吵吵嚷嚷转型升级好几年，依然没有出现革命性的技术。

千年商都如何嫁接现代科技再次腾飞？广州的未来引人遐想。“一呼百应”率先实现原材料采购线上交易，驶进 B2B“蓝海”，未来能否与 BAT 分庭抗礼？微信“连接一切”的宏愿，能否在日新月异的互联网社交平台中站稳脚跟？在很多方面，“互联网 +”的“ +”，其实与商业逻辑一脉相承。

商贸之都必须要有国际性物流中心。广州的商贸业历经千年而不衰的秘诀之一是物流技术革新。而当下的现代化物流服务则是核心技术。千年商都的广州正在构建国际航运中心，并衍生出可为物流服务的金融、保险、租赁、制造、信息等服务项目。广州要占据现代化服务高地，科技创新是绕不过的门槛。

广州也面临着落实“一带一路”国家战略的历史机遇，这是千年商都再一次腾飞的关键。广东自贸区有近半面积落子广州南沙新区，与其他两个广东自贸区片区不同的是，带有千年商都烙印的跨境电商业务迅速在广州铺开。在交易愈加扁平化、个人是商业主体的时代，跨境电商是千年商都对外贸易的“升级版”。

广州需要“立足珠三角，面向全世界”的眼光，千年商都再次腾飞更需要积极融入互联网技术大潮的无国界视野。曾妮

十三、创新样本　芬尼克兹：裂变式创业 转危为机的公司革命

当企业深陷人才危机，当代工公司遭遇转型挑战，芬尼克兹 CEO 宗毅选择了全新的发展路径——裂变式创业。目前，从芬尼克兹的母体中成功诞生了 8 家独立公司。独特的创业方式使芬尼克兹实现华丽转身，不仅留住了人才，还吸引了怀抱创业梦的有识之士，同时，也解决了创新动力的问题。

"裂变创业项目让我们做了很多不敢想象的事情。"宗毅说。而因为去中心化、去中介化，企业突然"变轻"了，从管控型组织变成投资平台，为传统制造企业植入互联网"基因"。

目前，芬尼克兹被评为国家高新技术企业，共获得热泵及相关领域国家专利数十项，荣获最佳雇主企业、省名牌产品称号。2014 年底，美国商业杂志《快公司》在评估上千家企业的创新表现后，推出了中国最佳创新公司 50 强榜单，广州的创新型企业数量达 8 家，其中便有芬尼克兹的身影。

●撰文：黄少宏　许晓冰　郜小平

转折

危机后的内部创业

走进位于南沙的广东芬尼电器公司大楼，映入眼帘的便是"军令状"舞台和墙壁上五颜六色的卡通画。身穿亮眼橙色工服的员工们像是"打了鸡血"一般，动作迅速，步伐飞快。

2002 年，宗毅与合作伙伴创办了芬尼克兹。与当时众多的中小制造企业一样，芬尼克兹从代工起步，为国内外厂商贴牌生产家用空调。创业后两年，芬尼克兹的销售额突破 3000 万元，成为业界瞩目的新星。

一直在"温水"中生活，很多人是想不到改变的。

创业第二年，宗毅碰上了大麻烦。承担了相当于芬尼 80% 销售额的销售

总监忽然辞职，并带走了手头的客户资源，几乎是芬尼的全部“资产”，这给了宗毅致命一击，在团队内部也产生了消极影响。

宗毅意识到，为了避免人才流失，必须要作出改变了。“我当时想，既然大家想创业，有能力创业，那我就在芬尼克兹内部打造创业平台。”宗毅说。

2005 年，鑫雷节能设备有限公司注册完成。这是芬尼克兹内部创业的第一个项目，专做换热器——热泵热水器的一个主要零部件。宗毅回忆，“芬尼自主研发的钛材质换热器在成本方面很有优势，那个项目初期投资 50 万元就可以启动，利润率可能达到 50% 以上，我本打算自己来做，但我希望它能成为公司第一个创业项目。”

按照宗毅的设想，除了自己拿出 20 万之外，他还需说服 6 位骨干人员各拿出 10 万元投资新项目。原本，高管们都很支持，但一提起要“自掏腰包”，很多人心里就打起了退堂鼓。

最后，生产主管韦发森拿出了 10 万元，另外三名高管各拿出 5 万元至 10 万元不等的资金，与宗毅一同凑足 60 万元启动创业项目。一年后，项目的投资回报率达到 100% 。“创新就是敢试，第一年分红我就分了 60 万，让不敢尝试的人悔到肠子都青了。”宗毅开玩笑道。

鑫雷的成功“刺激”了员工们的神经，大大激励了他们的创业热情，大家都像发现了新大陆一样关注“内部创业”。

此后，宗毅每年都会拿出一部分新项目的股份，明码实价，让中层以上的管理人员自愿入股。这样，企业前途与员工利益绑在了一起，而且由于项目收益每年翻倍成长，员工都获得了很高的回报，芬尼克兹也渐渐形成了内部创业的氛围。

创新

年轻人为公司注入活力

目前，从芬尼克兹的母体中诞生了 8 家独立公司，“最年轻”的公司由新一届创业大赛冠军、芬尼克兹采暖事业部总经理张靖挑大梁。“我多次参加集团的比赛，屡败屡战，在比赛中不断提升自己，终于获得认可。”张靖说。

在2015年4月开幕的2015中国国际制冷展上，芬尼克兹发布了首款旗舰版HERO系列全直流变频智能采暖热泵，进军地暖行业。

张靖介绍，HERO系列智能采暖热泵是新公司自主研发生产的全球首款全直流变频智能采暖系列产品。其采用水地暖低温辐射供热与风盘制冷相结合的方式，一站式集中解决家庭冷暖问题，可完全取代电采暖、燃气壁挂炉等传统的取暖方式。“产品还融入了最新的物联网应用技术，用户只需通过手机终端连接智能控制系统，即可实现一键温控、多时段温度设定的功能。”张靖说，“此外，机组还可以通过物联网感应器监控机组的使用状况，及时反馈报障和进行远程诊断。”

然而，传统O2O模式仍然存在巨大的缺陷，这让张靖十分苦恼。张靖表示，传统O2O模式包括生产基地、电商、终端用户以及线下加盟体验店四个环节，由于单件产品价格一般都是在1万元及以上，如果没有线下体验店的话，交易量会很低，因为消费者不愿意只依靠网上电商平台就下单购买价格如此高的商品。但是由于店租、管理成本等的投入，体验店开店的成本又几乎占到营业收入的一半。

如宗毅所期盼，年轻的张靖将目光放到了颠覆出租车行业的优步专车上，以互联网的思维思考。

开着宗毅的特斯拉，张靖抱着“尝鲜”的心情当起了专车司机。第二天，宗毅接到了一条微信：“我们目前的模式需要用户到展示店体验，店面装修成本太高，还要招聘合格店员，变相推高整体价格，我想用Uber的模式。”

原来，张靖“杀出重围”的方法就是用“天使客户”取代线下开店。在已经购买公司产品并安装使用的客户中作筛选，直接利用这批“天使客户”的房子作为其他用户购买的“体验店”。想要购买产品的客户，通过手机客户端，可以与距离自家最近的“体验店”建立联系，并直接到其家中进行体验，“天使客户”亦可在其中赚取佣金。

“Uber是充分利用闲散私家车代替出租车，而我们是将这一批用户拥有的空间资源利用起来，省去开店的成本，道理是一样的，都是为了去中间化。”张靖说道。

成长

代工公司到自主品牌企业群

“投票人采用现金投票，每人一票……投资实施时不兑现真金白银有重罚……获最大投资额团队，即可获胜。”

这种“裂变式”创业 PK 大赛在芬尼克兹公司已经成为“主打戏”之一了。

芬尼克兹在商业模式的创新动作使其成为社会关注的热点。这一模式也成为了中欧国际工商学院的创新案例。“‘裂变式’内部创业”的概念就是来源于中欧创业与投资中心主任、创业学教授李善友。

目前，芬尼克兹公司裂变形成的“芬尼系”企业群，已经有 9 家公司，且均拥有自主品牌，产品远销欧洲，美国，加拿大，澳大利亚等 80 多个国家，年产值数以亿元计。

不过，2002 年芬尼克兹创办时，起家也就 50 万元，当初的企业从代工起步。彼时的芬尼克兹，和珠三角数量庞大的中小型制造业企业几乎没什么两样。

广东芬尼克兹节能设备有限公司副董事长张利告诉记者，2 年后，公司一名销售高管突然离职，自立门户当老板，而芬尼克兹绝大部分的销售业务掌握在此人手中，假如大客户都被这名高管带走，后果可想而知。这样的突变，在珠三角乃至全国的中小企业中也并不鲜见。

此事令宗毅和张利“触动很大”：好员工成长起来都有自己当老板的愿望，而他们掌握着和原来公司一样的渠道，与其让他们带走这些大客户和渠道，不如投资、鼓励年轻人“内部创业”，这样既留住了高管，也解决了创新动力的问题。

2005 年，芬尼克兹第一家内部创业企业注册完成，总经理就是芬尼克兹原来的部门负责人。这是家独立运作的公司，但控股股东则是宗毅和张利两人。“公司还为创业企业提供孵化平台。”张利表示，在经过两三年孵化成熟后再正式独立操作，裂变出去变成一个工厂。

“钱到位以后，我们预计一年半投产，但他们用了 7 个月，就把这个产品试制出来了，效果不错。”回顾第一个创业项目时，宗毅说，“用的是自己的钱，和用老板的钱，是不一样的。这个产品第一年做了400多万的业务额，但利润大概有120万。”

这家公司在2007年即实现回本，目前已经成为华南地区中同类企业的龙头，每年营收达到6000万元。

如今，经过10余年的发展，芬尼克兹已经裂变成为9家企业，在南沙形成了一个产业集群，产品涉及空气净化、空气能、净水器等相关领域。

“如果不是裂变式创业，我们也不可能走到今天。”宗毅如是说。他总结到，“裂变创业，精髓不在裂变，而在竞选。用真金白银选举，避免了徇私枉法和任人唯亲。如果公司有一千个人，很多人才就会被埋没。但在我们这种机制下，所有人都会冒出来。”

“2009年，我们遭遇了金融危机，那一年利润降低70%，我们开始反思，到底出了什么问题？一分析才知道，我们的产品（泳池热泵）是很脆弱的。当时就在想，这么好的东西为什么不在中国卖？”

宗毅当时就提出这样一个问题，“如果在中国卖，这种重型的比较复杂的家电应该交给谁去卖？有没有可能做一个互联网公司？”

“但是这个时候我也头痛，一个做制造的，从来没有做过面向消费者的品牌，就像是富士康突然说要做苹果，怎么能转得过来？”宗毅说，他们当时面临两个问题。第一是互联网营销，第二是消费者洞察。市场策划、产品策划，甚至做一本说明书，以前都不会做。

“后来我们决定来一次PK吧，举办类似《赢在中国》的创业大赛。”这场比赛和一般的创业大赛不同的是，投票人要拿出真金白银投资创业者，这就让投票人认真对待。

值得注意的是，在这样的选拔中，竞选者已经不是普通公司的职业经理人角色，而是创业公司的领头人，自己必须要投资，且几乎是自己大部分积蓄。

通过这种机制，企业的创新人才不断被挖掘出来，并且每个人做事都必须考虑市场的实际需要，从而以市场为导向去推动技术创新和产品创新。

通过这样的PK，专注热泵、太阳能、风能等新能源产品研发制造的企业——芬尼电器于2010年诞生。短短3年的时间，芬尼电器已经发展成为国内知名空气能品牌之一，获得2011中国购房者首选家居品牌，中国厨卫电器十大品牌、空气能热水器十大品牌、中国品牌金谱奖等荣誉，如今已经是“芬尼系”成长最快的企业。

对话

芬尼克兹CEO宗毅：

做了很多不敢想象的事情

南方日报：您觉得裂变创业项目给芬尼克兹带来的最大变化是什么？

宗毅：裂变创业项目让我们做了很多之前不敢想象的事情。我们都是传统行业出来的，我们和最传统工厂几乎是没什么区别。我们之前是帮外国知名品牌企业做贴牌的，连怎么样做品牌都不知道。

但是之后企业能变得这么有活力，就在于吸引了这些年轻人，这些年轻人是互联网的原住民，你会发现，他们的思想呈现出来完全就是耳目一新的，我们可以吸纳很多新的思想。要是按照我们的思维去运作，是很难走到今天，这也是为什么现在中国传统企业走到今天都要死的原因。

为了保证互联网创业的质量，我规定，“85后”才有资格竞选总经理！此外，我还制定了一套“宪法”，规定总经理每五年重新选举一次，仍然是用钱投票，最多可连任两届，也就是说，再有能力的人也只能在岗位上做10年，之后必须要新鲜血液上来。

南方日报：裂变式创业中，您作为企业主如何管控员工？

宗毅：基本上不用管控。总经理是股东，而且都是民选选上的，就好比美国民选的总统，绝对是不敢乱来。员工是用真金白银选他们上来，而总经理自己又是大股东，他既不会贪腐，在组织能力上也不用太怀疑。

所以我的监管工作量很少，原则上是不监管，我提倡“失控”。我就是投资人，我们的总经理是不用职业经理人的，必须是股东才可以坐这个位置。

记者观察

激发员工内部创业

芬尼克兹与海尔殊途同归

芬尼克兹集团创始人宗毅首创的“裂变式创业”模式正引发关注。他在公司内部举办创业大赛，让有野心、有能力的员工都来参赛，让获胜的员工做新公司股东、总经理或带团队。通过“裂变式创业”，芬尼克兹在短时间内便孵化出了8家新公司，并且每家都赢利。

芬尼克兹的“裂变式创业”为传统企业转型提供了几点颇具参考价值的做法，比如，母公司创始人控股新公司，同时在收益权上充分激励创业团队；创业团队成员必须掏钱参股，以身家性命赌未来；用钱投票，可杜绝人情关系，选出最好的创业项目和团队，等等，一整套的设计围绕激励机制展开，以强大的利益绑定充分调动各方积极性。

这种创业方式，让人不由得联想到海尔的“内部创业”。梳理芬尼克兹与海尔的成长经历不难发现，两家企业在适应互联网时代，有着诸多异曲同工之妙。在海尔集团董事局主席张瑞敏看来，互联网时代使得人人是创客，什么是互联网式的企业，很重要的亮点就是能不能去两化——去中心化、去中介化。

去中心化，就是使每个员工都成为市场中心，管理者把具体做事的权力全部让位，包括决策权、用人权、分配权。现在海尔管理者剩下的权力，就只是给员工提供创业资源。

如张瑞敏所说，现在海尔只有三类人：平台主、小微主、创客。创客在小微公司中持有股份，大家共同去发现市场。大平台主可能是海尔的高层，张瑞敏考核他的标准是：你这个平台是不是产生了越来越多的小微企业？这些小微企业中有多少能形成爆点？他也不像过去那样直接告诉人家你该怎么干，而是维护创业平台、提供创业引导、服务创客小微。

去中介化，每一个员工与用户零距离，如海尔的物流车队，由人工派活改为ERP系统派活后，用户直接上系统抢单，车队和用户直接沟通。服务得好，用户点赞，否则直接索赔。

在去中介化方面，芬尼克兹也有自己的独到之处。如在互联网销售上，传统O2O模式如果没有线下体验店，消费者断不会放心下单购买价格昂贵的商品，但体验店又面临店租、管理成本等的投入，最终，芬尼克兹计划引入专车Uber的模式，在已购买公司产品并安装使用的客户中作筛选，直接利用这批“天使客户”的房子作为其他用户购买的“体验店”。想要购买产品的客户，通过手机客户端，可以与距离自家最近的“体验店”建立联系，并直接到其家中进行体验，“天使客户”亦可在其中赚取佣金，实现去中介化。

去“两化”之后，企业突然变轻了；与用户零距离之后，过去难办的事情突然好办了。在芬尼克兹，“公司元老”在新公司中入股，他不仅不会压制新员工、给新人阻道，反而还会给年轻人更多的支持；过去，海尔有上千人负责 KPI 考核，有考核就有寻租，现在取消了 KPI 考核，这些人也跟着取消掉了。

所以，去“两化”的关键，一是能不能以用户为中心，二是业务发展所需要的资源，能否从市场上得来？由此，整个企业就要从管控型组织变成投资平台，每个人不再是执行者，而是创业者；整个组织，从原来的传统组织变成互联网组织。

芬尼克兹的故事，听上去更像是管理变革带动商业模式变革，但实际上，其背后走出的是管理变革与技术变革“双轮驱动”的路径，只是其技术变革不如海尔“工业 4.0”、“黑灯工厂”那么显眼。

例如，宗毅最早是传统行业出来，在创业初期帮外国知名品牌企业做贴牌，连怎么样做品牌都不知道。此后在裂变创业中，围绕产业链上下游，又布局换热器、冷气热水器产品、全直流变频智能采暖热泵，并进军地暖行业，实现技术变革与管理变革的良性循环发展。正如宗毅所说，裂变创业项目，为芬尼克兹带来的最大变化是做了很多之前不敢想象的事情。

围绕上下游产业链布局，这也就区别于 BAT（互联网三大巨头：百度、阿里巴巴、腾讯公司）平台化模式，目前芬尼克兹、海尔不是通过收购或战略投资的方式延展其生态范围，而是倡导创客文化，鼓励员工利用自身资源内部创业，从而成为生态的一分子。

互联网时代，必须要与用户交互，芬尼克兹与海尔在“交互式营销”方面亦有相似之处。比如，海尔一方面减少硬广告支出，另一方面则快速推进交互式广告。海尔希望充分利用社交媒体，通过与用户互动获得反馈，同时提升用户粘性，并进一步把用户沉淀到海尔的互动社区，从而构建一个从原材料到用户的闭环。芬尼克兹则可以通过手机显摆用户家庭空气质量，以此打造社交概念的净化器；宗毅自己也走出一条从北京到广州的特斯拉“充电之路”，并直言不讳自己“带着私心做公益”，策划“芬尼粉丝走天下”活动……

大企业有大企业的转型玩法，小企业有小企业的生存法则，芬尼克兹的意义就在于，对云集了无数中小企业、传统企业的珠三角制造业基地来说，海尔这种超级巨头的模式或许学不来，但芬尼克兹对其却有很大的借鉴和示范作用。

十四、创新样本　打造知识产权界的阿里巴巴

不久前，广东某国企软件工程有限公司100%股权转让项目，交易标的净资产评估价值为4767.2万元，在广州知识产权交易中心（下称“广知中心”）运营协同方南方产权交易中心挂牌1.8亿元。经过180轮的激烈报价后，最终以8.3亿元高价成交，增值率高达361%。

“这是2015年知识产权界的一个经典案例，知识产权作为一种无形资产，对其价值的评估是一个难点，以往也存在把知识产权低价卖出去的情况。”广东省产权交易集团总经理助理吴蓬生说。

他认为，这一案例发挥了产权市场推动国有资产优化配置的作用，充分体现了知识产权在国企增值保值中的突出作用。

如何提高知识产权的利用率和转化率，让其为经济发展服务，成为广州知识产权交易中心诞生的时代背景。2015年4月14日，广知中心正式授牌，重点建立和完善珠三角统一的区域性知识产权交易中心，加快推进广东省知识产权质押融资工作，解决知识产权流转交易难和处置变现难的问题，促进科技与金融、产业的有效融合，推动科技成果转化。

落户于开发区科学城的广知中心到底是何方神物，它对于广东高校、科研院所和众多中小型民营企业、创新型企业来说究竟有何用途，对珠三角转型升级将发挥什么作用？带着这些问题，南方日报记者走进广东省产权交易集团一探究竟。

撰文：刘茜　实习生　曾雯

作用

为供需双方打造的

知识产权交易平台

科学研究与市场严重脱节的情况也大有存在，不少高校和科研机构研发

的成果不具有市场价值，无法转化为生产力。表面的供应方很多，但真正好的供应不多，市场需要的又找不到。广知中心就是起到科研风向标的作用。

“从通俗意义上来讲，广知中心就是知识产权界的阿里巴巴，买卖双方都可以通过这个平台发布自己的信息，进行交易。”吴蓬生这样告诉记者。

“以前没有此类平台的时候，高校和科研机构因为不清楚市场需求，关起门来搞研究的现象很多。而市场方企业也不知道研发机构在进行什么研究，要找到跟自己需求相对应的也不知道找谁。通过这个交易平台，卖方的科技成果经过挂牌后即可向全社会公布，一览无余，而同时需求方也可以在这里找到自己需要的东西。”吴蓬生说。

“发挥交易平台的地缘优势，立足广州市，深耕珠三角，服务粤港澳，面向世界，把知交平台打造成为技术的创新中心、技术交易的聚散地、人才的汇聚中心、尖端科技成果的孵化器、科技企业的融资通道是我们建立广知中心最为重要的目的。”吴蓬生说。

据了解，广东省目前拥有125所高校，其中能够提供有效知识产权的有四五十所，且拥有大量的承担基础研究和专业类别的中央级、省市级科研院所和机构，也包括华为、格力、中兴等大型企业和以深圳、东莞居多的创新型中小企业。这些高校、科研院所和企业作为知识产权最为主要的来源，具有庞大的知识产权转化需求。

“广知中心将所有这些科研成果有效聚集在交易平台上，最大化实现知识产权的转化，让它们接受市场的考核和检验，不再是养在深闺人未识的无用产品，将知识产权的功效发挥到最大。”吴蓬生表示。

“市场需求导向是指挥棒，广知中心将市场的需求传达给高校和科研机构，发挥企业主体作用，广知平台起到科研风向标的作用。”广知中心负责人黄爽这样说。

“我们通过分析全国的知识产权交易数据库，将目前企业需要的、具有市场前景的、紧扣市场痛点的用户需求信息反馈给高校和科研单位，告诉他们市场需要什么，他们就能有针对性地进行研发投入，这在很大程度上可以解决过去科研与市场脱节的情况，提高知识产权的利用率，创造经济效应和价值。”吴蓬生说。

广知中心大力摸索与高校、科研院所的国有财政性科研经费的线上线下交易，为知识产权转化落地提供系列化服务。如与高校开展合作，联合设立知识产权运营工作站，以互相交换可对外的知识产权数据库，进行科研人才交流与互动，联合申报课题项目，为广知平台知识产权线上运营提供信息端口、线下运营提供窗口。与某著名高校机械学院签订框架协议，首批6000个专利项目进场挂牌交易，并每年至少有1500多个专利项目可进场交易，且逐年大幅度递增。

桥梁

嫁接

“知识—财富—资本”

企业怎样与科研单位精准对接，如何准确把握市场需求，广知中心在其中发挥了重要作用。

珠三角经济发达，传统制造业、互联网等新兴行业发展迅猛，各行各业在这里扎根发展，拥有广阔的市场前景和巨大的市场需求。在强调从“中国制造”向“中国创造”的经济结构调整和转型升级中，企业对知识产权的重视和需求与日俱增。在这样一个全球互通的信息化时代，企业怎样与科研单位精准对接，如何准确把握市场需求，广知中心在其中发挥了重要作用。

“广知中心实际上起到的是连接企业和高校、科研机构的桥梁的作用，在这个平台上将企业的需求和高校科研单位的供给进行公开，替他们创造一个权威、便捷的交易平台。”吴蓬生这样说。

拥有自主研发专利的大型企业不仅作为需求方同时也作为供给方，可以在广知平台上进行知识产权的买卖。广知中心拓展重点企业知识产权运营，通过调研、联盟合作，与国内某自主品牌汽车制造商达成初步意向，共同探索建立汽车产业专利池，将与该公司组织14000多个专利项目进场挂牌交易。

而拥有庞大知识产权交易数据库的广知中心不仅能帮助企业精准对接科研成果，而且能告知企业市场需求，为企业创新出谋划策，起到智能团的作用。

广知中心拓展重点产业知识产权，对具有广泛民生基础的食品安全、环境保护、医药健康、生态建筑等产业知识产权成果、股权、债权交易运营，广东市场成长性较好的动漫游戏软件、创业创新创客立体孵化器等板块，争取高起点起步。

在鼓励创新的当下，不可避免地也存在知识产权与现实需求脱节，更甚至有不少知识产权垃圾存在的现象，那么针对这些没有派上用场的闲置的知识产权，广知中心能否在其中起到“变废为宝”的作用？

“打个比方说某兽医所有一个知识产权是专门生产为羊治病的药物的，但该药的市场需求不大。而通过我们这个交易平台发现有的企业很需要为牛治病的药物，那么我们把这个信息反馈给该机构，其也许能在此前药物的基础上进行改进，研发出为牛治病的药物，把‘无用’的知识产权进行有效改进。”黄爽这样说。

“广知中心在很大程度上起到的是一个价值发现的作用。你的知识产权值不值钱，值多少钱，这都由市场说了算。再好的项目也要让人知道才能体现它的价值，发挥它的作用。我们提供这样一个公开的交易市场让知识产权的价值在这里得到充分体现。”吴蓬生这样告诉记者。

高校、科研院所和企业通过广知中心进行知识产权的交易和买卖融资，而知识产权作为一种无形资产，对其价值的评估一直是难点，如何对知识产权价值进行合理有效评估，让买卖双方都能接受，并产生法律上的效应，这是广知中心要解决的一个难题。

未来

建专利质押融资

价值评估体系

专利质押融资的核心是专利价值评估。由于法律、技术、经济等制约专利价值评估因素的存在，加剧了专利价值评估的难度。

专利质押融资需求空间巨大。近年来，全国多个地区建立了国家知识产权投融资综合试验区和知识产权质押融资试点区。不过，质押融资的专利还较少，高校、科研机构和个人的专利质押融资进展较慢。专利质押融资的核心是专利价值评估。由于法律、技术、经济等制约专利价值评估因素的存在，加大了专利价值评估的难度。

吴蓬生表示股东要有差异性，要能够互补。如凯得集团本身就是知识产权项目所在地，有170多万平方米建筑的孵化器，也是开发区一个比较大的财团。二股东粤科集团则拥有创业基金、科技金融再保险基金等各种基金。

国家知识产权局专利审查协作广东中心本身就是进行专利审查的专业机构，该中心拥有1500多位专业人才，每年审查了20多万项专利授权，是目前国家知识产权局外派的最大的审查中心。

广东省产权交易集团不仅有知识产权，还有企业产权、金融资产、药品、环境权益等其他交易类别，该集团2014年的交易量达到了3148亿元，位居全国第二。

“我们通过专业的评估团队从技术、市场、法律、经济等对知识产权进行评估，督促交易市场以正当手段竞争，减少误导消费者、伤害市场信用的不规范行为。也有将紧紧依靠知识产权仲裁院、知识产权法院，强化等对知识产权维权提供服务和支持。所以说未来广知中心评估的体系会逐步完善的，也有较强的公信力。”吴蓬生说到。

“现在很多高校、科研院所的知识产权属于国有资产，在买卖、转让的过程中若评估不当就会出现低价卖出，要承担国有资产流失的责任。所以很多专家教授、科研人员都怕承担风险。而广知中心通过严格规范的程序正好为他们起到了‘背书’的作用，通过公开公平公正的办法为他们规避了风险。”吴蓬生说到，“这对减轻科研人员的心理负担，提高他们科研的积极性是具有重要作用的。”

对话

知识经济时代

以知识产权撬动创新发展

南方日报：广知中心是怎样的平台？

广知中心：我们打算构建互联网+要素综合交易平台，在该平台上汇聚财气、人气和智气。财气是指各种金融机构、投资银行等；人气包括高校、科研院所和企业，把知识产权的买卖双方聚集到这个平台上交易，汇聚人气；智气是指我们组织知识产权界的各种专业人才，为平台的有效运行提供智力支持。通过互联网打造多向交流互动的知识产权交易平台，改变过去传统的交易模式，将知识产权的价值发挥到最大。

南方日报：在这个过程中广知中心起到何种作用？

广知中心：在某种程度上来说起到了推动经济增长的发动机和引擎的作用。任何一项产品的形成从构想、创意到进行研发，到生产小样，最后批量化大规模生产，这其中包含了许多的断头路，任何一个环节都可能由于技术问题中断而进行不下去。广知中心在其中起到了“接”的作用，通过互联网发现市场需求，对接技术，打通断头路，广知中心相当于发挥了神经递质的功效。

南方日报：广知中心目前发展遇到哪些难题和挑战？

广知中心：近年来随着我国自主创新能力的不断提高，已经具有相当规模的创新成果和专利存量，然而，现阶段的专利运营工作仍面临诸多困境，具体表现为：已有的专利交易平台服务资源分散、无序，重复建设现象较为严重；信息汇聚程度不一，政府资源和市场资源难以有效对接；无法站在政府公益性的高度有效引导整个新生业态的健康发展。

南方日报：广知中心接下来的发展重点是什么？

广知中心：在广东省政府落实《中国（广东）自由贸易试验区总体方案》的有关意见中提出，要建立华南地区知识产权运营中心，探索开展知识产权处置和收益管理改革试点。自贸试验区将以广州知识产权交易中心为载体建立华南地区知识产权运营中心，这也是我们接下来工作的重点。

南方日报：华南中心创业阶段重点任务是什么？

广知中心：主要是培育专利运营业态发展。指导市场主体依法设立专利运营机构，专门从事专利引进、集成和二次开发、转移转化等业务；对关键技术领域的专利进行储备运营，以核心专利为基础形成专利组合并持续优化，开展质押融资、对外许可、投资入股、标准制定及海外维权活动等；引导专利联盟建设，以专利纠纷频发、专利壁垒问题突出、国内企业技术和专利分散的产业为重点，对关键技术领域内的专利进行集中管理、集成运用。

记者观察

让知识产权“活”起来

技术进步一般被认为是经济增长的一个重要变量，即技术的变化刺激经济的增长。而知识产权则是技术进步中重要的要素。

在国家新一轮创新驱动发展战略中，作为“世界工厂”的珠三角要转型升级，实现经济结构的战略性调整，从“广东制造”向“广东智造”转变，对知识产权的重视已成为知识经济时代的一个重要命题。然而20多年来广东省的知识产权量虽然稳居全国首位，但不少知识产权并未转化为生产力，有很多专利仍然束之高阁处于沉睡状态。因此让知识产权“活”起来意义重大。

我们知道，英国工业革命期间最具影响的两个事件，一是亚当·斯密出版了《国富论》，二是专利法的颁布。（《大国崛起》这部普及性的纪录片也采此说）。工业革命后的历史表明，对发明创造的收益进行合理的配置，将其配置给发明者，确实能够鼓励发明创造的产生。工业革命后的技术革新速率远远超过以往任何时代。

知识产权制度在现实商业中如何运作，并且催生出若干可以盈利的行业？因此，在国外一些有较广阔的市场渠道、较丰厚资金、能够进行较好营销的交易市场应运而生，有力地促进了技术向产业的转化。

另外，知识产权平台的建立更重要的是怎样使企业能够利用这些知识资源。一旦知识资源被各个企业广泛应用，在企业的层面上，不仅能转化为生产力，还会形成一个尊重知识产权的文化气候。

记者在广知中心看到，该中心即将正式上线运行，发挥第三方平台聚集效应，通过系统化整合和细分竞争服务，建立增信和评价体系，鼓励和引导有资质的服务机构开展优质服务，逐步完善知识产权服务产业链，即大力培育代理、信息、法律等基础性服务需求，引导和重点发展商用化、咨询等高层次知识产权服务需求，实现了知识产权的成功转化。

为了知识产权的产业化，广知中心还依靠金融资源整合，与金融资产交易中心、股权托管中心、科技小额贷款、科技融资担保、科技融资租赁、科技资产评估与交易、科技产业基金等专业服务子公司业务紧密结合，解放思想，加强金融创新力度，整合第三方战略合作金融机构资源，设计出基于知识产权业务的综合金融服务和投融资服务，提供灵活多样的交易模式，形成知识产权质押、证券、保险、基金、信托等多样式的知识产权金融产品。

当然我们也看到有不尽如人意之处，例如平台服务功能不健全，无法提供涵盖政策法规、信息披露、认证鉴定、交易转让、项目对接、成果转化等全方位、全流程的知识产权综合性服务；市场建设不够完善，专利交易的规范及价值评估的标准不一；缺乏政府机构的监督，无法保证知识产权市场的良性发展。缺少高水平的专利运营服务机构：我国本土的专利运营服务机构起步晚，规模较小；专利运营资金不足；缺少懂技术、懂商务、懂知识产权的复合型运营人才。

广州知识产权中心

广知中心主要是由国内颇具实力的广东省产权交易集团、广东省粤科金融集团、国家知识产权局专利审查协作广东中心、广州市凯得控股集团和北京东方灵顿科技公司等发起设立的。广东省产权交易集团作为该中心控股股东，代表该中心向国家知识产权局申报国家知识产权试点企业也已获批，并入选国家财政部和国家知识产权局在试点企业基础上优中选优的知识产权运营机构。

广知中心包括知识产权交易及与之相关的企业产权交易以及相关配套服务。如知识产权项目挂牌交易、知识产权转让；知识产权、专利、非专利等科技成果转化服务；技术评估、商标注册和专利申请，技术合同审核、认定、登记；提供知识产权质押融资服务；知识产权基金运营等。

第二篇章　广州城市环境治理创新观察

一、羊城蝶变激发国际大都市活力

核心提示：

在天河棠下街棠东东路的产业园里，广州晟烨信息科技有限公司总经理麦伟斌和团队的同事们经历了一场“头脑风暴”。他们正在雄心勃勃地筹划公司新三板上市。

就在他们的旁边，是熙熙攘攘的棠下村，小店热闹，道路整洁，汽车驶过，尘土不扬。曾经“脏乱差”的城中村蜕变成“白富美”，旧厂房园区成了新三板孵化基地，25 家企业先后入驻。

这是广州“干净整洁平安有序”城市环境建设带来的变化。干净整洁是现代城市文明的重要标志之一，也是城市生态的要素之一。世界著名的“花园城市”新加坡把城市环境建设作为发展的活力之源。而有着花城之称的广州，以“干净整洁平安有序”城市环境建设，背后也有着考量。

从城市环境的提升，到城市治理水平的提升，再到城市公共服务能力的提升，三次提升的背后凸显着城市竞争力和发展软实力的跃进，释放出一座现代化国际大都市的活力和魅力。

1、城市环境提升

与城市发展和谐共振　城中村孵出高科技

自贸区和“一带一路”两大战略引擎，正在驱动广州加快构建对外开放新格局。在位于广东自贸区南沙片区的南沙港，龙门吊正在作业，集装箱卡车来去有序，国际航运中心建设的宏伟蓝图激发着这片热土上潜藏着的激情。

从2014年以来，南沙海港公司发动员工，下大力气整治卫生死角，清理龙门吊轨道垃圾等等，光铲除堆场杂草就有500皮卡车。在南沙海港公司常务副总经理、公司港容港貌整治领导小组组长袁清看来，整洁有序的环境既是生产力，也是竞争力。

打造“干净整洁平安有序”城市环境先导区，南沙新区2014年以来推出系列举措，通过微信群治“六乱”、推出智能门禁系统、组建无人机执法队等手段。

城市环境的优化提升，融入这座国家中心城市开放发展的大格局。

常年清除不掉的卫生死角不见了，角落的垃圾乱堆放、乱张贴清理干净了，“城中村”等老大难问题被逐个攻克……一场城市环境脏乱差的“歼灭战”在广州打响。

被称为广州城市客厅的花城广场，树木成荫，远处广州塔、东塔等标志性建筑遥相呼应，迎接着来自世界各地的游客。干净靓丽的环境，呈现出这座城市蓬勃向上的精气神。

广州尚恩科技股份有限公司董事长朱锦英体会最深。2014年初，她刚把公司搬到花城广场时，迎接她的是“写字楼下小摊小贩乱蹿”，“四处都是大工地”。现在，随着商圈形象的提高，朱锦英的企业形象有了不小的收获，“招聘率、到岗率都大幅提高”。

“看到地面这么干净，有人想扔垃圾都不好意思了。”来自香港的太古汇（广州）发展有限公司总经理隋颂伟说，从干净整洁的细节，感受到了天河CBD应有的“国际范”。

城市环境的提升与经济发展的深层脉动在这里和谐共振，在整洁的街面与顶级写字楼之间，人群与财富涌动不息。截至2015年上半年，天河CBD

是广州企业总部最为密集的区域，138 个世界 500 强企业在这里设立 176 家项目机构，40 余栋税收超亿元的商务楼宇扎堆。

在天河棠下街，城中村孵出“高科技”的故事传为一时佳话。在推进“干净、整洁、平安、有序”城市环境建设过程中，意想不到的变化是带动当地物业的租金水平提高了30%，吸引了一批市场前景好、创新能力强的高科技企业进驻。

“抓环境就是抓发展，抓环境就是抓核心竞争力。”棠下街党工委书记邹彦庭说，良好的城市环境可以提升地区魅力、吸引外来投资、增强投资者信心。

在华南师范大学法学院副院长张永忠看来，广州从打造国际化大都市的“大处”着眼，从“干净”行动小处着手，深入推进城市环境综合整治和城市精细化管理体系，提升着城市的发展竞争力。

2. 治理水平提升

治理重心下移　释放更强大的制度活力

代表城市建设品质的“硬环境”和代表城市管理水平的“软实力”如同两条标尺，决定着城市发展的高度。

对于城市环境的更高追求，倒逼着这座城市治理能力的提升。

在街道这一城市治理的基层单元，城市治理水平的日益提升在“干净整洁平安有序”城市环境建设中不断显现。

天河车陂街道路干净整洁，全街被划成了 110 个环卫网格，保洁员对网格内卫生保洁、墙面整洁、垃圾桶清晰、果皮箱管理等明确标准和责任。保洁员李阿姨告诉记者，环卫工作机制改变后自己负责的范围变小了，责任也更加明确更精细，工作要求变得更加严格，但是省了清运垃圾的时间和力气。

0.28 平方公里的天河区石牌村聚居着近 10 万村民、市民和流动人口。天河区在这里成立了首个城管执法队驻村分队，20 余名队员每天在村内巡查，对石牌村及周边环境进行常态化整治和管理。

这背后，城市治理重心下移、力量下沉、权力下放，释放出更强大的制度活力。

在传统的城市管理体制下，许多发生在街道办、镇政府眼皮底下的事情，因为街镇没有管理权限，只能视而不见，而区一级政府由于人手不足、鞭长莫及，不能及时解决问题，“看得见的管不了，管得了的看不见”成为城市治理难题。

白云区将城市管理事权下放，在全区 22 个街镇组建了专门的队伍和城市管理制度，使 1 个区城市管理指挥部转变为拥有“22 个前线指挥部”的局面，避免城市管理的盲区和死角。

“以前我们这里发现市政管养方面的问题，只能先报告给区里，由区里统一安排队伍来作业。”白云区同德街市政所所长钟树文说，如今这些事权交给街道，一发现问题就可及时处理。街道还划分责任田，派出专人到辖区内城中村、社区，逐个对接，就这些城中村（社区）应承担的城市管理工作及范围进行明示，具体细化到“每一棵树、每一个沙井盖”，落实责任单位，并签订确认书，真正做到“不留空白”。

伴随着事权下放，城市从重建设轻管理到建管并重，从突击运动式管理到规范常态化管理，从多头管理到统一管理，敏捷快速的行政效率让城市环境时刻保持干净整洁，城市妆容 24 小时不走样。

3. 服务能力提升

城中村从乱到治　美好家园迎客来

从古老的千年商都到崭新的国家中心城市，广州承载着许多人的梦想与希冀，到这里寻梦的人源源不断。

在高楼林立的背后，城中村却是绕不过去的“伤疤”：阴暗潮湿，通风不畅，道路狭窄，电网密布，垃圾遍地，环境差、治安差、交通差备受诟病。

在推进“干净整洁平安有序”城市环境建设过程中，城中村在没有大拆大建的情况下，悄然变靓。

越秀区登峰街的宝汉地区，昔日小贩遍地拥堵难行，如今干净整洁成异国风情“非洲街”。

白云区石井街马岗村，一入村就看见围院式门岗，车辆出入有序，村内环境干净整洁，榕树下老人们闲话家常。

三元里街道党工委书记杨颜泽正在盘算着，三元里接下来要紧扣抗英历史文化主线，完善公共服务设施配套、优化环境，打造好商贸文化旅游区。

解开城中村的脏乱差困局，这样一条红线贯穿始终：以群众需求为抓手，针对区域内群众需求特点和区域治理中的突出问题，推动城市公共服务功能的更深层覆盖。随着整治效果的初现，此前的怀疑声逐渐被支持和赞誉声所取代。

农贸市场变干净了。“市场是城中村人流最密集的地方，也是安全隐患最容易爆发的部位。”天河区车陂街党工委书记王亚平说，以前农贸市场脏乱差，遇雨天下水道堵塞，让街坊们头痛不已。车陂村、棠下村的环境整治从市场的升级改造入手，改造后的农贸市场灯光明亮、空间敞亮、地面干净整洁，市场周边违建拆除后还消除了消防隐患。

城中村变亮了。过去，握手楼间只见“一线天”，网线、电话线、电视线盘织交错。在车陂村，街道协调电信、移动、联通进村，统一规范电线线路布设，清理主干道和内街巷乱拉乱接通信线路，“蜘蛛网”不复存在，城中村“重见天日”。

老百姓出行变方便了。车陂村一度“黑摩的”泛滥，现在社区便民车往返村道与地铁站之间，解决沿途居民出行“最后一公里路程”交通接驳问题。该片区域非法营运的“五类车”减少了近八成，治安和交通秩序明显改善。

干净整洁平安有序的广州，向更新的城市文明形态迈进，这是顺应世界城市发展的普遍趋势，也正在回应人们对城市美好生活的殷切期待。

城中村从乱到治，不仅全方位诠释了一座城市的嬗变，还预示着一座城市的未来。作为一座干净宜居的城市，广州吸引着五湖四海的人才到这里就业、创业，光是每年来广州工作的外籍人才就超过了 3 万人次。

人居环境不断改善，也调动着群众参与建设美好家园的热情，干净整洁平安有序的城市环境建设得到越来越多人的自发回应。2015 年 4 月 22 日，广州市来穗人员服务管理局组织“爱卫”清洁活动，没想到吸引了 101.85 万人次来穗人员参与其中，人们拿起扫帚，清洁路面，扮靓城市。

古希腊哲学家亚里士多德说："人们来到城市是为了生活，人们居住在城市是为了生活得更好。"在"干净整洁平安有序"城市环境建设的背后，一切都在显示着，城市环境的改善有目共睹，美好城市生活现实可期。

南方日报记者郑佳欣　马喜生　成希

二、基层探路协同共治建设平安广州

核心提示：

20世纪80年代，德国社会学家首次把高度发达的现代社会描述为风险社会，引起共鸣。城市化步伐加快，人口高度集聚，这一切考验着城市治理的能力和水平。人们在注重城市干净整洁外表的同时，更关注着城市平安有序的内在品质。每一个人都希望在一座有安全感的城市里生活，安居乐业。

在“干净整洁平安有序”的城市环境治理理念之下，广州正在承载起人民对城市生活的美好期盼。从粗放式管理到精细化服务，从城市管理单兵作战到综合执法，从政府“大包大揽”到激活社会之脑，南方日报记者走访广州基层发现，政府主导、协同共治的治理力量日夜守护着这座繁华都市的平安，也使城市的运行更加有序。

来自基层的实践，正在助推一个具有国际竞争力的治理体系和发展环境逐步形成。

从粗放到精细

用大数据打造城市治理升级版

作为国家中心城市，广州人口总量超过1600万，人口的增长和社会的急速转型给城市的治理带来巨大挑战。

“干净整洁平安有序”城市环境建设的组合拳，从人口管理服务找到了突破口。在番禺区石碁镇莲塘村一间出租屋大门前，刚从工厂下班的刘芬拿出获得授权后的居住证轻轻一刷，大门顺利打开。刘芬说，在安装了出租屋电子门禁系统后，几乎没有再发生盗窃案，“住在这里的感觉踏实多了”。这里的出租屋门牌上还张贴着“二维码”，手机一刷就可以在智能巡查平台上显示相关登记信息。

“人们变动是每天在发生的，今天这里来一个人，明天可能就走了。”番禺区来穗人员服务管理局局长徐林发说，现在，全区正全面开展出租屋智能门禁系统推广应用，时刻掌握租户和住户的信息。

在人口的流动之间，一个庞大的数据库正在云端生成。徐林发介绍，番禺在全区搭建集“人屋”管理、安全巡查、数据监控和决策辅助等功能的流动人员信息系统，对“人、屋”数据进行深层次的挖掘、分析、共享，并通过番禺区电子公务云计算中心，实现各部门的信息协同和资源整合，为社会治安管理、来穗人员子女入学、计划生育、城镇规划等提供数据支撑。

大数据带来的不仅是一场技术变革，更是一场城市治理的变革。数据互联互通背后，人和社区这个城市治理的最细微单元，被紧紧联系在一起。

每天早上，越秀区白云街东湖新村社区网格员高成都要到网格 QQ 群、微信群里看一看。在东湖新村的居民自治网络信息平台上，哪里发现有违规的群租房，小区哪一户出租客搬走或入住，居民都可以“随手拍反映身边事”。作为群主的高成负责着一个包含 200 户居民的网格。到 2016 年底，2 万多个这样的网格将把广州连接在一起，进行精细化管理。

打通“信息壁垒”，运用“大数据”分析，筑牢城市管理的基础，升级版的治理体系正在成型，精细化服务逐步实现。

41 岁的钟惠萍曾是广州 772 万外来人口中的普通一员，与丈夫在石碁一家工厂打工 10 多年。2014 年积分入户实施新政后，她递交了资料和证明，变成广州的新市民，小孩还在广州参加了中考。

徐林发透露，番禺正在拟订积分入学、积分入住公租房等基本公共服务向来穗人员逐步覆盖的政策，有序扩大教育、住房、医疗保障、社会救助等基本公共服务覆盖面，激励和引导来穗务工人员为广州的经济建设和社会发展做出更大贡献。从流动人员的管理到公共服务的覆盖，广州通过治理创新推动着人口管理迈向有序，为“干净整洁平安有序”的实现打牢最基础的治理基石。

从单兵作战到综合执法

试水“一支队伍管全部”

市辖面积达到 7434.4 平方公里的大广州，城市治理的挑战无处不在。

天河棠下街由于外来人口多，给治安、消防造成极大压力，也为各类犯罪分子和走鬼小贩、“五类车”提供了土壤。城管、公安、治保队、交警疲于奔命，执法时想提取证据，监控视频未完善，有时不得不束手无策。

为了将治安视频信号用于城市综合管理，棠下街历时2个月，建成了网格化视频监控系统。

在棠下街城市综合管理监控中心，画面中，500多个高清摄像头形成一览表，工作人员通过监控大屏幕，第一时间发现路面问题。他们登录“棠下街城市管理中心”微信账号，群中任何人员如发现街面出现的脏乱差情况，可以马上截屏取证，网格员和街村干部将以最快的速度到达现场进行处置。

基层治理的创新，效应开始显现。棠下街党工委书记邹彦庭说，自该中心启动以来，截至8月3日，全街共通过视频监控系统解决各类环境卫生类工单2400多宗，全街刑事警情同比下降11.4%；路面打架斗殴警情下降28.2%；消防警情同比下降48%。

如何打造一支快速反应、有效治理基层的“作战部队”，深层的治理机制探索不断迈开步伐。

2015年以来，光塔街作为越秀区城市管理试点街，探索实施联合执法机制，制定“公安+城管+工商+食药”联合执法工作方案。光塔街党工委书记邹春燕介绍，目前光塔街路面，尤其是干道、学校医院周边100米范围内在每天8时至晚上22时都有管理人员，发现问题在20分钟之内都有执法人员及时处理。

“一支队伍管全部”的天河探索走得更远。

华灯初上，东圃大马路上人来人往。每隔10分钟，警车和综合执法车巡查经过，一支由警察、城管队员、综合治保队员和交通协管组成的综合执法队伍，维护着这条街道的平安有序。

车陂街党工委书记王亚平记得，2014年，车陂仅东圃大马路就有2000多个走鬼档，先后有近20名街道城管执法队员因摊贩暴力抗法而受伤。这背后折射的是单兵作战的困境：一方面城市管理执法缺乏强制力后盾，另一方面城市管理的协作机制亟待理顺。

2014年11月17日，车陂街综合执法大队正式成立，在全省首创“公安+城管执法”的模式。而2015年3月，车陂街整合城管、安监、劳监、综治、文化、计生等街道行政执法资源，建立与工商、食药监等职能部门的联动机制，组建全新的车陂街综合执法大队，集中行使街道所有（含委托、配合）的373项行政执法权，在全省街镇一级率先实现“一支队伍管全部”。

“五根指头”，正在捏成“一个拳头”。车陂街党工委委员、车陂派出所所长梁业敬说，参与综合执法并担任分队长的民警以前只负责路面巡逻，交警负责五类车整治，城管负责乱摆卖，现在综合执法大队整合各类人员协同执法，城管、交警等力量壮大了队伍，弥补了警力不足的情况。

王亚平说，“一支队伍管全部”的执法受到当地居民的认可，2015年以来，街道信访系统中有关城管方面的投诉量同比下降90%，有关综治类的信访投诉量同比下降91%。

从“视频+微信”即拍即响应的高科技管理到“一支队伍管全部”的探索，在“干净整洁平安有序”城市环境建设过程中，广州的基层街道涉“深水”，探路径。

在基层，一支经受考验、扎根一线的城市治理“作战部队”，正在成为这座国家中心城市安全最有力的守护者。

从“大包大揽”到协同参与

让社会来管出租屋

最近，为创客们提供服务的YOU+国际青年公寓负责人刘洋来到白云区石井街道马岗村，为YOU+公寓考察新址。

一个曾经“脏乱差”远近闻名的城中村，为何在短短一年间华丽“蝶变”，引来创业者？

一走进白云区石井街道马岗村，村口5幢6层高的出租屋拆去脚手架，露出红白相间的外壁，屋檐雕刻山花，窗户两边立起圆形罗马柱，窗顶戴上圆拱……欧陆风情范的出租屋让人眼前一亮。2015年年底前，马岗村2.1公里长的村道上，所有出租屋将按照这些样板进行改造。

“打造这样一条欧陆风情街，市区两级政府要投入多少钱？”慕名前来学习的参观者问。

“政府不用掏一分钱，企业联合村民组建‘出租屋经营管理公司’，改造费用由企业承担。”石井街道党工委书记罗同兴说。业主以出租屋入股公司，与企业共同成为股东，企业前期投入1亿多元进行改造。改造后，出租屋业主所得租金不减少，每年还能以一定比例上浮。

现在，政府从传统大包大揽的管理模式中“抽身”：出租屋的管理由社会负责，而政府职能部门则变成出租屋管理企业的监督者，“小政府”与“大社会”相得益彰。

激发全民参与共建美好家园的热情，石井街道的专业批发市场从“要我管”转变为“我要管”。

从揭阳到广一批发市场采购布料的李华感受到效率的提升：“以前货车慢挪紧挤才能开到档口，装货后又要从各种‘五类车’车流中挤出来。”

石井街道办事处牵头，土地出租方（村社）和市场开办者参与，共同发起“专业市场管理委员会”。市场管委会设立安监队、打假队、综合整治队、交通协管队、协税护税队，分别对专业市场进行督导检查、集中整治。专业市场的运作变得更加有序，运卸货车辆不随意停放，市场内占道摆放的现象也消失不见。

管住政府之“手”、放开市场之“腿”、激活社会之“脑”，引入社会力量参与城市治理，提高着城市的治理效率。

“要提高城市管理的水平，必须实现城市管理模式的创新，通过增强社会活力，依靠各种社会力量营造平安有序的城市环境。”罗同兴深有感触。

伴随着“干净整洁平安有序”城市环境建设的推进，广州在城市治理领域的创新之举改变着城市的面貌，激发着全社会参与城市治理的热情，更将让所有生活在这里的人们共享改革的红利和发展的成果。

撰文：郑佳欣　黄少宏　张西陆　成希　马喜生

三、大城善治“干净整洁平安有序”

核心提示：

作为会聚各国政要、经济领军人士、跨国公司高层的世界级论坛，夏季达沃斯星光熠熠。10日，“广州之夜”首度亮相夏季达沃斯论坛，广州文化特色和城市魅力的精彩绽放，让世界为之惊艳。

与世界开放连接的广州，从2014年以来深入推进“干净整洁有序平安”的城市环境建设，从城市环境的细节做起，从城市治理的难处做起，力求赋予这座千年古城新的美好，以更加靓丽的身姿迎接着每一个到访者。

一带一路的强劲辐射、自贸区的先行先试、珠三角自主创新示范区的箭在弦上，为广州的快步前行再增动力。快速行进的城市发展步伐，正在对未来的城市治理提出更高的要求。

连日来，南方日报记者深入广州基层采访，从天河车陂街、石牌街、棠下街、越秀登峰街、白云石井街、三元里街等多条基层街道一年来的治理变化，从干净整洁平安有序的城市环境建设的第一线，传递出的是这座国家中心城市向现代化、国际大都市跃进的积极信号。

布局

开放新格局呼唤城市环境再提升

站在焕然一新的花城广场上，530米高的华南地区第一高楼——东塔高耸入云，和广州塔、西塔一起构筑成在全国乃至全世界都具有高度影响力的地标建筑群。高大上的办公环境吸引着诸多世界500强、银行、地产公司总部入驻。

不断刷新的广州高度，彰显着这座城市看得见的“硬实力”。在“硬实力”的背后，透明的营商环境、公平的就业环境、干净整洁平安有序的城市环境更是广州引以为傲的“软实力”，将助力这座城市书写新的发展奇迹。

自从被赋予国家中心城市定位后，广州一直在思考如何去打造一个名副其实的“国家中心”。观察广州过去十几年的发展路径，产业的集聚、综合经济实力和城市竞争力的提升，与城市面貌的日新月异、生态环境的逐步提升、人居环境的改善紧紧相连。历经10年“大变”和亚运洗礼之后，古老的广州城“天更蓝、水更清、路更通、房更靓、城更美”，城市面貌早已发生巨大变化。

吹响“干净整洁平安有序”城市环境建设号角的广州，站在开放发展的新起点上。

目前，我国正在构建对外开放新格局，自贸区与“一带一路”国家战略在广州融合。国家《推动共建丝绸之路经济带和21世纪海上丝绸之路的愿景与行动》，在开放合作区、沿海城市港口和国际枢纽机场建设三次提及广州。

宏大的战略构想，需要具体的实践措施。广州正在构建国际航运中心、物流中心、贸易中心以及金融服务体系相互融合的格局。这背后，集聚更优质、更高层次的人才、金融、科研等高端要素，必须要有优质的城市环境和营商环境作为支撑。在专家看来，城市治理与对外开放有着良好的互动关系，治理好城市，开放的环境和条件就会好，可以“筑巢引凤”；开放水平提高，城市治理水平也会“水涨船高”。如果打造好区域硬环境、软环境，“筑好巢”必然能引得来“金凤凰”。在省委、省政府规划的“1+1+7”珠三角国家自主创新示范区中，广州市被赋予“创新发展的龙头”定位，要发挥龙头带动作用。广州建设自主创新示范区，也必然呼唤更高品质的城市环境，以此吸引高级技术人才团队以及金融资本和相关服务产业的进入。

在天河，棠下街在推进“干净、整洁、平安、有序”城区环境工作过程中，意想不到的变化是带动当地物业的租金水平提高了30%，同时也吸引了一批市场前景好、创新能力强的高科技企业进驻，整洁有序的城中村正吸引着年轻人前来寻找创业的机会。在棠下村原班尼路服装工业区，从外地引进邢帅网络教育等多家移动互联网企业进驻，仅邢帅网络教育就有1000多名员工，预计2015年产值可达6亿元。

从对外开放到创新驱动，干净整洁平安有序城市环境和市场化法治化国际化营商环境，正在一起构筑成为广州未来发展软实力的两翼。

创新

从干净行动入手　倒逼基层治理改革

作为中国经济第三城和国家中心城市的广州，在过去十几年，一直吸引着越来越多人到这里安居乐业。

数据显示，2000 年底，广州的常住人口数量为 693.96 万；2009 年，常住人口已达 1025.83 万人，十年增长 500 万。

如今，广州人口总量超过 1600 万，截至 2015 年 7 月，广州来穗人员登记在册数为 772 万，初步估算实际总数近千万，已超过户籍人口。

建设管理一座市域面积 7434 平方公里、实际人口超过 1600 万人的超级城市，是上下五千年任何一位圣哲先贤都未曾面临的重大挑战。“干净整洁平安有序”的城市环境建设，不仅仅是偏重外在形象的变化，更强调背后社会治理内涵的提升。十八届三中全会提出，推进国家治理体系和治理能力现代化是全面深化改革总目标，从而开启了一个新的国家治理时代。城市治理能力建设是国家治理体系和治理能力现代化的重要部分，也是社会发展的重要内容。

作为国家中心城市的广州，“干净整洁平安有序”的城市环境建设，实际上是一个全方位促进改革创新的过程，并由此开启走向基层治理能力现代化的探索。私搭乱建、无证照经营、餐馆油烟噪声扰民……这些曾让人投诉无门的烦心事，曾经困扰着基层。天河区车陂街在改革创新中寻找到了解决方案——继在全省首创“公安 + 城管执法”为主的综合执法模式以后，车陂街原有模式的基础上，整合街道包括城管、安监、劳监、综治、文化、计生等有关行政执法资源，建立与工商、食药监等职能部门的联动机制，组建全新的车陂街综合执法大队，集中行使街道所有（含委托、配合）的 373 项行政执法权，在全省街镇一级率先实现了“一支队伍管全部”、“一支队伍管到底”。

在天河石牌村，0.31 平方公里的土地上，居住人口高达 10 万人，其中 8 万为外来流动人口。现在，石牌街城管执法队抽调 20 名队员组建了驻村分队，开展日夜巡查整治，“街执法队 + 村治保队”双队伍互相配合，实现了精细化管理，临街商铺没有了占道经营现象，道路也畅通了。

越秀区登峰街宝汉地区因非洲人大量聚集而成为闻名中外的“非洲村”，成为广州全市出租屋密、外来人员多、外国人混杂程度最高的区域。从 2014 年 11 月中下旬开始，街道倾全街之力投入了宝汉地区各项专项整治，通过根治“六乱”、改善交通、规范经营秩序、完善出租屋管理等，达到了“花钱不多、办事不少，动作不大，变化不小”的效果。

白云石井街尝试引进出租屋管理中介机构，让市场第三方进行管理，改变了出租屋零散管理的现状，实行社会化、联片式管理，进而实现“公寓式管理”。石井街相关负责人表示，以往流管部门要面对几千户零散的出租屋主，现在只要集中力量监督几个出租屋管理经营公司即可，大大节省了管理成本。

这些来自基层的治理创新，正在被复制到广州更广阔的基层，并逐渐拼合成这座国家中心迈向善治的总体路线图。

在“干净整洁平安有序”的城市环境建设中涌现的社会治理创新，背后是上下互动、共建共享的过程。在登峰街、石井街社会治理工作现场会上，省委常委、广州市委书记任学锋表示，以干净整洁平安有序要求为主线，坚持上下联动、疏堵结合、先易后难、循序渐进、发动基层、加强保障，深入推进城市环境综合整治，符合广州城市发展的实际，得到了广大群众的支持。

“城市，是为了让生活更美好。”高楼林立的珠江新城，郁郁葱葱的白云山下，风光旖旎的珠江之畔，熙来攘往的北京路上，干净整洁、平安有序的城市环境给人们带来美好的生活和发展的机会。

可以预见的是，从告别脏乱差的城中村，到打扮一新的城市中心，一座将以全新环境承载更高端平台的城市，也将为区域经济的发展带来更大的施展空间。

撰文：郑佳欣

四、登峰治乱：破冰外国人服务管理

观察眼：

基层治理　重在长效

广州自古以来是重要通商口岸的开放城市，以其包容性和“千年商都”的美誉扬名在外。抓住“一带一路”建设重大机遇，广州加快发展步伐。广州要构建更高水平的对外开放格局，需要破解多元治理的命题。

登峰宝汉地区的治理，从更高的层面上看，实际上承载着广州迈向现代化国际大都市的破题使命。这里不仅有来自78个国家的非洲人和中东人，也有来自中国西北、西南的少数民族；这里不仅有广州本地人，也有来自中国各省的外来务工人员；这里展示了多样化的国家、种族、民族、族群、语言、方言。

2014年11月至今，登峰街通过组建综合整治队伍，实行24小时无缝联勤联动，并建立外国人服务管理平台等多项举措，以治乱象、改环境、转业态、优服务为抓手，构建了社区的服务体系、管理队伍和工作平台，取得了阶段性胜利。

事实上，登峰街曾经历多轮整治，由于缺乏相应的制度安排，以“运动式执法”带来的结果，必然是严打期间管一管，平时便采取“鸵鸟政策”，不愿正视外国人给社会管理带来的挑战与风险，不敢触及主要矛盾，部分执法人员甚至存在“怕”、“推”、“躲”、“拖”的现象。

这一回，登峰街在扫除各类城市乱象的同时，登峰街配合整治指挥部开展工作调研，对滋生各类乱象的根源进行深入的剖析，针对综合整治联席会议、管委办组织架构、市场管理、来穗人员和出租屋管理、平安建设等方面执行了相应的管理制度，并形成了5万多字的《宝汉地区长效管理制度汇编》，通过对制度的严格落实，希望为城中村治理探索一条可行的路径。

如今，外籍人员进入广州，在严管和放开上如何拿捏得当，做到服务和管控并重，考验着管理者的智慧。对于合法、守法的外籍人士，应以服务为主，为其创造良好的经商环境，提供便利，使其能尽快融入羊城社会；而对于违法、犯罪、有暴力倾向，则坚决予以打击。

实现长效管理的关键，在于指导思想要从管制式转向人性化的服务式。从这一点看来，登峰街的做法值得点赞，这种治理机制和管理方式的创新，也值得其他区域借鉴。

张西陆

登峰治乱　破冰外国人服务管理

夜幕降临，羊肉烤馕摊、C 货仿牌包、水果摊、廉价衣服、山寨手机摊……占满了原本可双向两车道通行的主街道，烧烤档的食客坐在马路中间吃喝，非洲裔歌手弹起吉他放声高歌，姑娘伴着旋律舞蹈，场面俨然露天 Disco。

这不是非洲的一条小商贩商业街，而是一年前广州城内临近环市路商圈的登峰街宝汉直街的街景一角。

登峰街宝汉地区因非洲人聚居而成为远近闻名的“非洲村”，社会综合治理上存在着一定难度。为改善这一状况，2014 年 11 月以来，越秀区以“干净整洁平安有序”为目标，以宝汉地区为主战场，以出租屋和外来人口管理为突破口，通过市区部门联动、社会多元参与，进行综合治理。近一年，“非洲街”的社会管理工作有了极大的改善。

重走宝汉直街，路口的非洲“兑币党”、五类车“拉客仔”不见了；被烧烤档熏黑的铁路涵洞刷上了白漆，街入口处还建起了收费站式起落杆，村里再难见到横冲直撞的五类车。年底，1300 平方米的外国人服务管理综合服务中心将全新开放，合法居留的外国人可享受更便捷的一站式服务。

从脏乱差路难行，到干净整洁异国风情。近一年，登峰街发生了什么？

撰文：张西陆

（小标）重拳整治

“整理持续快一年了，比以往的都长，你知道什么时候能过去吗？”9 月初的广州，依然炎热，尼日利亚人瓦力坐在小铺一角，边吹着风扇边感叹，来穗差不多20年，从来没有经历过这样重的打击力度。

1999年，金融危机正盛，瓦力选择来穗谋生。“当年我来到广州，学会说的第一个中文词是‘你好’，接着就是‘小北’”，他说，非洲裔经商和生活聚集区，若说首个落脚地，八九不离十就是越秀区的小北，再就是三元里、下塘西路一带。

随着中国对外贸易的开放兴盛，非洲商人生意愈发兴隆。大约在2004年，非洲生意人潮从环市路逐步蔓延至登峰村，其中又以宝汉地区为盛。除了“秀山楼”，“登峰街”、“宝汉直街”也渐渐成在穗非洲裔的流行词汇。

短短数年，宝汉地区已发展成越秀区乃至全广州出租屋密、外来人员多、少数民族和外国人混杂程度最高的区域。外来人口的大量聚集，让登峰地区经济发展的同时，也给该地区城市管理、社会治安等方面带来空前的压力与困难。

各种因素叠加下，该地区的社会管理出现了一定程度的混乱，同时陷入了一种“屡乱屡治，反反复复”的怪圈。

湖南姑娘蔡漾2007年大学毕业，就在登峰街工作。她在宝汉直街54号住了4年。“每天晚上楼下的烧烤摊火气冲天，喧闹至凌晨，晚上不敢轻易外出、不敢开窗，出租屋里的一切都有一股浓重的油烟味。早上出门，偶尔还会在楼梯角落发现用过的针管。”

“再这么下去，登峰街的老百姓谈何幸福感、安全感?”登峰街办事处主任袁秀全说，2014年8月至10月，市领导多次到宝汉地区暗访调研，创建“干净、整洁、平安、有序”城区环境工作被提升议程。

2014年10月，瓦力收到街道人员发来的一封“告登峰居民书”，主要是告知他们登峰综合整治将要开始，提醒他们提前做好自身整改。起初，瓦力和伙伴们并没有把整治当一回事儿，“以前又不是没试过，顶多一个星期就恢复原样了。”

可事实却不似瓦力所想。2014年11月18日早上9时40分，新一轮的整治活动正式拉开序幕。

袁秀全回忆起当天情景，历历在目。两组由公安、工商、食药监、城管执法等部门人员组成的执法管理队伍，分别从宝汉直街和南约直街出发，以

“人”字形行进路线，再次对未符合要求的商铺、流动小贩进行劝导，并勒令其立刻整改。

经过早上至下午的“大兵团”作战优势，对登峰街宝汉地区的乱象和违法违规行为形成威慑作用，当晚街道的乱象已有所改善。之后，执法管理队伍联勤联动，24 小时无缝值守，不间断轮换整治，形成强大的整治合力。登峰街平日拥堵得水泄不通的街道空荡荡的。走鬼们收起货物，非洲人选择到城中村的角落避开警察。

“整治开了好头，就要避免头痛医头、脚痛医脚。”袁秀全说，登峰整治先路面后铺面，先外街后内巷，由表及里，逐次推进。第一阶段是除“六乱”，第二阶段是整顿经营秩序，第三阶段开展出租屋清查专项行动。

整治从公安、交通、工商、质监、环保、食药监、城管执法等职能部门抽调精兵强将，组建了一支 300 人的综合整治队伍，对面积约 1.5 平方公里宝汉地区的乱摆卖、非法营运、非法兑换货币现象，进行持续半年的整治。整治行动后，登峰街还组建了宝汉地区管委办，为防止“六乱”反弹落实长效机制。

（小标）服务先行

重走宝汉直街，堆在路口的“兑币党”、“拉客仔”不见了；被烧烤档熏黑的铁路涵洞刷上了白漆，沿街曾杂乱无章的广告牌经过统一整理，街入口处还建起了收费站式起落杆，村里再难见到横冲直撞的五类车。

入夜，24 小时巡逻小队依旧穿行于大街小巷，维护着得来不易的整治成果。

袁秀全坦言：“登峰街被称作‘非洲街’、‘广州布鲁克林’。整治不是针对外国人，我们非常欢迎合法居留的外国人，更是希望让他们在登峰有归属感，能跟广州本地居民和谐相处。”

快一年了，登峰街在根治各类城市乱象之余，还在国外人服务、出租屋管理、城市管理方面有了全新的探索。

“人人都想来这里‘淘金’！”在金山象商贸城里，肯尼亚小伙子亚瑟眼里闪烁着初来乍到者的兴奋。

这是亚瑟到广州的第 3 天，广州的一切都让他感觉不错。他的妻子经常到中国来购物，他这次也想来找找商机。他说，之所以选择到广州而不是中国其他城市，一个重要原因是广州气候和非洲很相似。

9 月4 日下午，亚瑟在房东周先生的带领下，前往越秀区登峰街外国人综合服务大厅办理临时住宿登记。20 分钟左右，登记办好了，派出所工作人员还给了亚瑟一本《外国人在中国居留需知》的宣传小册子，耐心地提醒亚瑟相关注意事项。

亚瑟申报住宿登记后，派出所必须安排社区民警在 3 个工作日内再上门回访，核实他是否在登记住址居住，是否存在一人登记多人入住的行为。

虽然亚瑟需要遵守严格的外国人管理制度，但登峰街也为合法居留的他们提供了必要的公共服务。

在步行路程不超过 3 分钟的宝汉直街上，还有一处宝汉地区综合服务中心。亚瑟正在新开设的渤海银行外币兑换点换人民币。

以前，登峰街附近可兑换货币的正规银行不多，不少外国人贪图方便，就在路边的黑中介处兑换货币，还常常会因为假币或掉包等问题引发争执。

现在有了正规兑换点，非法外币兑换点难以再有生存空间。此外，该中心还设了国际汇款、旅游指引、长途电话、免费房屋租赁服务、法律咨询等必要服务，让来穗外国人不再依赖那些存在隐患的野鸡服务。

登峰街外国人综合服务中心面积不大，淡蓝色的墙面上却用了不少非洲元素的贴饰，墙上也挂出了中心志愿者活动的照片，显得热闹而温馨。

下午三点，来自刚果（金）的萨姆准时来到这里，在志愿者的热情迎接下，他开始了第一堂中文课。“我是在一次逛街的时候，听到街头社工向我推荐免费中文课程，就来试试看。”萨姆学得很认真，还认识了两位谈得来的新朋友。

志愿者代表何泳仪介绍，中心最吸引老外的是每周二至周五的免费中文讲堂，来自高校的志愿者会根据国外人的语言类别和中文水平，安排最符合其个人情况的语言课程。中心还会定期举办“分享各国家乡菜”、“组织外国小朋友包粽子”等活动。

当前，广州各社区外国人管理服务工作站外语人才严重不足，发挥专业社会工作者在教育培训、结对帮扶等方面的作用正当其时。袁秀全说，登峰街大力开展“专业社工+外籍志愿者+在校大学生”社区外国人服务活动，使之成为加强社区外国人管理服务工作的新亮点。

不仅如此，为给宝汉地区外国人提供更优质、集中的服务，广州市政府已批复将位于童心路的1300平方米市属房产调配给越秀区，用于建设外国人服务管理综合服务中心，届时亚瑟们将享受更便捷舒适的“一站式”服务。

“从被动的管理，到主动的服务，外国朋友们对广州的融入度不断提高，也让整个社区变得更和谐了。”何泳仪感叹。

（小标）期待涅槃

直到现在，瓦力还记得初来乍到时的情景：只是用十几只大编织袋把搜罗回来的二手廉价商品带回去销售，依靠这种简单原始的方式，只用了5年，瓦力“赚了大钱”。

瓦力在越洋商贸城拥有了自己的档口，每天批发各种廉价电子商品回来，再发到尼日利亚出售。即使在登峰街，像瓦力一样拥有档口的非洲裔也不算多，大多数非洲裔只能利用限期1个月的旅游签证频繁往返中非两地。

粗略统计，广州每个星期至少有18个航班往返广州非洲，数千名非洲人穿越大半个地球来到这里。与西方发达国家大公司派遣到中国的白领阶层相比，到广州的非洲商人带有鲜明的“草根”特征，他们没有大笔资金来处理大宗订单，也不去官方在展览厅举办的商品交易会，而是带着两三万美金到广州的各大批发市场“淘货”，然后以数倍的价格转卖回国，赚取中间利润。

久而久之，非洲商人便成为小北、三元里等数十家大型商贸城共同的目标客户群。鲜艳宽大的礼服长袍、各式各样的假发香水、便宜的组装电子产品……商贸城里鳞次栉比的格子间，兜售着符合非洲人审美的各类商品，但也充斥着各种假冒伪劣。

不难发现，在一些商贸城里有一种“神秘”的店铺－－终日拉着厚厚窗帘隔绝了外界的视线，人们看不见店里卖的什么商品，却不时有非洲顾客前来光顾。一位本地档口主透露，“那是因为老板没有工作许可，怕人看见”。

针对登峰街宝汉地区市场经营失序的问题，登峰街建立了宝汉地区市场管理工作制度，创新推行了“三书四制”的制度。

这段时间，在越洋商贸城宣传栏上，张贴出来的“三书四制”，吸引了不少档主的注意。所谓“三书”就是指不经销假冒温略和侵犯注册商标专用权商品责任书、不经销假冒伪劣和侵犯注册商标专用权商品承诺书、专业市场经营者守法经营保证书；“四制”则是专业市场规范管理制度、专业市场商品质量查验及台账等级制度、专业市场经营者信用承诺公示制度、专业市场经营主体退出制度。

其中最引人关注的条例是，按规定，经营者出现销售不合格商品等违法行为，一旦被执法部门处罚两次，或经营者拒不领取营业执照等证照，专业市场必须立刻解除租赁合同，收回经营场地，责令承租人限期离场，两年内不准进入该市场经营。

袁秀全介绍，整治期间，综合整治队伍分门别类整治临街商铺，规范经营行为。金山象、泓汇、峻峰、越洋 A、越洋 B 五大专业市场严格落实“三书四制”并全部实行驻场监管制度，由工商部门每个商场派驻专人负责监督管理。通过整治，上述商场被人诟病的“三无”产品已基本销声匿迹。

袁秀全说，在越秀看来，登峰不为整治而整治，环境好了，市场有序，区域转型升级完成，自然能淘汰低端商家，吸引更优质的中国人或外国人前来经商。

湖南姑娘蔡漾前几天再带着女儿回宝汉直街。2014 年女儿曾被这里的脏乱差吓到，这次回来蔡漾发自内心地感觉，“混乱”正在成为历史。

对话基层：

登峰街办事处主任袁秀全：

“整治不难，难的是让成果一直保持下去”

南方日报：登峰街整治已经不是第一次。在您看来，登峰整治难在哪儿?

袁秀全：自 2014 年 11 月开始，越秀区在市委市政府的领导下、市委政法委的直接指导下、以及市相关部门的大力支持下，大刀阔斧地对登峰宝汉地区进行持续整治。坦白说，登峰整治只是走好了第一步、打响了第一炮。

暴风骤雨式的整治不难，难就难在怎么让成果一直保持下去，这需要长效机制。

我们在扫除各类城市乱象的同时，也积极配合整治指挥部开展工作调研，对滋生各类乱象的根源进行深入的剖析，制定了《宝汉地区综合整治联席会议制度》、《宝汉地区管委办组织架构和工作制度》、《宝汉地区市场管理工作制度》、《宝汉地区来穗人员和出租屋管理工作制度》、《宝汉地区平安建设工作制度》等管理制度，形成了5万多字的《宝汉地区长效管理制度汇编》（试行），通过对制度的严格落实，希望为城中村治理探索一条可行的路径。

南方日报：本轮整治除了硬件设施的提升，还对外国人尤其是非洲裔的管理更严格、更细致。

袁秀全：登峰街的情况跟其他的街道不一样。这里本地人、外来人、中东人、非洲人混居，可以说是全市混居程度最高、情况最复杂、管理难度最大的地区。

整治出发点和落脚点是保护合法，打击非法，铲除毒瘤。首先，整治不针对特定的人，我们非常欢迎合法合规的外国人来自居住创业，但无论本地人、外地人、少数民族还是外国人，凡涉及违法违规的，都要依法整治。

其次，整治不针对特定的事，整治不局限于各种城市乱象，还包括经营秩序的规范、市场的管理和环境的改造。第三，整治不局限于宝汉地区一隅，还包括外围的防控，防止“按下葫芦起了瓢”，坚持综合治理，一定要避免“头痛医头、脚痛医脚”。

登峰整治，不为整治而整治，环境好了，治安好了，市场有序了，随着区域转型升级完成，淘汰低端商家，吸引更优质的中国人或外国人前来经商，发展区级经济的同时，达到本地居民、各族人民、外国人的团结融合。

南方日报：对于外国人的管理，登峰街有哪些经验值得推广？

袁秀全：外国人不能只强调管理，让他们在登峰有归属感，服务是少不了的。为了加强宝汉地区外国人服务管理工作，我们制定了宝汉地区外国人服务管理工作机制，以宝汉地区为示范，建立外国人服务体系，对合法居留的外国人提供必要的公共服务。

其中的亮点是，外国人就医、就业、旅游指引和调解纠纷、文化交流以及社团和商会活动等融入项目，探索采取政府向社会购买服务的方式实现。

通过政府购买服务，既解决了人手少的问题，又能为下去内外国人提供专业化、社会化、个性化、优质化的服务，提升服务管理水平。

我们的登峰街外国人综合服务大厅，就有专业社工、外籍志愿者、在校大学生组成的小团队常驻，外国人对他们的接受程度很高。

五、石井蝶变：一个城中村的协同治理探索

观察眼：

破解社会治理难题要靠机制创新

广州打响这场没有硝烟的城市治理攻坚战中，石井街道是一个值得观察和总结的样本。

从经济收益的角度观察，曾经困扰石井的“乱”，与珠三角普遍存在的“出租经济”不无关系。在“出租经济”链条里，镇街、村社集体或实际持有人作为土地资源的掌控者，并未与现代企业制度深度融合，“小散乱”扎堆集聚，低端业态持续累积，并伴生公共治理成本过高与城市化水平过低的老大难问题。

从治理机制的角度观察，石井正在迎来的治理变化，与政府同市场主体、利益主体共同构建“协同治理”的机制密不可分。当下，广州城中村的出租屋管理零散，业主从短期租金收入考虑，对承租者搞小作坊、住改仓、造假等现象睁只眼闭只眼。在石井，在“协同治理”机制下，政府和市场形成合力，带来令人耳目一新的变化。

正如“石井新模式”所总结的经验提到，石井在较短时间内迅速遏制各种社会乱象多发、频发的势头，必须找准最集中、最突出、最典型的重点地区，通过集中发力、集中攻坚，实现重点突破，以点带面，带动整个区域城乡环境面貌根本好转。这背后，协同治理的方法论发挥了很大作用。石井街道探索的来穗人员服务站、出租屋经营管理公司、批发市场管理委会员……如今已被证明是重拳整治之下的有效补充，体现了“疏堵结合”、“治理结合”的管理理念。未来，石井还要前阶段的基础上，更大力度地发动群体，参与到政府的“协同治理”体系内。这样，政府、市场主体、利益主体才能共同为城区的发展出谋划策，共同参与管理、共担社会责任。

社会治理是一场持久战、攻坚战，需要在建设长效机制上下硬功夫。诸多被证明是行得通、办成事的创新措施，需要政府同样给予制度保障，让其正式形成长效机制。石井街道的马岗村如今成了广州社会治理的“明星村”，但是石井街道还有许多情况与马岗村不尽相同的社区，其机制探索也需要创新，才能在繁重的社会治理任务下，为群众解决治理的“最后一公里”问题。如何破解“小马拉大车”困局，如何将工作重心进一步下沉到街镇，这场社会治理攻坚战才刚刚揭开序幕。

马喜生

石井蝶变：

市场之手管出租屋　一个城中村的协同治理探索

【核心提示】

“这里原来是村里一块空地，被一个个临时搭建的餐馆占道经营，餐馆违法经营屡整不改，如今这些临建全部被拆除，建起了村民健身广场。”九月的广州，天气逐渐转凉，石井街道马岗村的“干净整治平安有序”社会治理工作一片火热，街道工作人员站在村里一处展示板前感慨地说。如今，石井街乱摆卖、乱搭建、乱屠宰等“三乱”现象已经基本得到清理。

马岗村的其他变化也让人眼前一亮，这里近百幢零散出租屋成立了“出租屋经营管理公司”，由村民和企业入股组建，不花政府 1 分钱，正在将老掉的出租屋打造为一条欧陆风情街。

2015 年 7 月底，广州市召开越秀登峰街、白云石井街社会治理工作现场会。广东省委常委、广州市委书记任学锋肯定石井街道综合治理工作取得的预期效果，强调建设“干净整洁平安有序”城市环境，必须突出重点、标本兼治，从干净整洁切入，最终实现平安有序。

石井街道社会治理的成功之处在于探索出了一套长效机制：出租屋管理市场化、专业市场管理民主化、城市管理制度化。

（小标）石井的“昨天”与“今天”：城中村“脏乱差”变身“净畅宁”

石井是广州城市化进程的一个重要区域标本。最近的三十年里，石井经历由镇变街、“一拆为三”、由“乱”转“治”的发展轨迹。1987 年，石井镇成立；2002 年，撤镇设石井街；2014 年，大石井“一拆为三”，分为石井街、石门街、白云湖街。

很多外地人认识石井是从其货运场和批发市场开始的。石井街凭借区位和交通优势，吸引了16个货运场、13个专业批发市场进驻，同时也成为来穗务工人员落脚谋生之地。

繁荣经济景象之下，石井街道也充满着社会治理危机。城中村“脏乱差”不断蔓延，专业批发市场“蚕食”消防道通，“三乱”整治难以下手。

说起未整治前的石井街道，经营业户张先生直摇头：城中村面积大，握手楼遍布，不少巷道被人为截断占用，消防救生通道不通；拥有众多货运场和批发市场，但是停车缺乏管理，乱停靠十分普遍，交通出入口经常堵塞，人车进出随意；乱搭建现象突出，有人占用人行道、绿地搭建帐篷、档口，有的用来开餐馆，有的用来乱摆卖，更甚者在绿地上圈养牲畜乱屠宰；环卫保洁水平低，街头巷尾垃圾堆积。

石井街道党工书记罗同兴分析说，石井街道的“乱”，与当地的人口结构有关。石井片区凭借房屋、商铺等物业租金相对低廉的优势，吸引了大量的批发市场、货运市场在此谋生。仅马岗村0.38平方公里的土地上，人口就超过了9000人，其中流动人口就有8600余人，是户籍人口的10倍有余。放眼石井街道，其人口总数约20万，而登记在册的流动人口约64400人。

2014年11月以来，广州市、白云区开始对石井街的社会管理进行综合整治，市、区、街三级联手掀起一轮社会管理综合整治，重点包括整治“三乱”及消防安全；在来穗人员居住较为集中区域实行集中管理；查处出租屋主（代理人、中介）违法违规行为；整治“五类车”及非法营运问题等八项事项。

罗同兴说，随后，街道统一拆除乱搭建，全面打通城中村内消防通道，腾挪出的空地、绿地统一规划建设，建成停车场、健身场、文化长廊；组建了流动保洁队伍，添置了运输操作更为便捷的制式垃圾箱。

在石井街道重点整治区域的马岗村，街道成立一支4人的设施维修队，重点维护消防、市政设施；组建了一支10人的综合执法协助队，重点协助执法部门对乱摆卖、乱搭建进行查处拆除。

如今，石井街道多个曾经被诟病为“脏乱差”的城中村，已经变成“净畅宁”的社区。在最近的一次问卷调查中，群众对环境提升的满意度达到85%。

（小标）市场化管理出租屋：组建经营管理公司，打造欧陆风情一条街

最近，石井街道每周都要接待一批参观考察团，考察团的成员绝大多数都是广州各个基层街镇工作人员，他们想要考察的无一例外是石井街道马岗村的出租屋市场管理模式。

在石井街道马岗村村口，5幢红白相间的6层高出租楼格外引人注目：屋檐雕刻了山花，窗户顶部戴上圆拱，两边立起圆形罗马柱，老旧出租屋变身欧陆范儿。2015年年底，马岗村2.1公里长的村道上，所有出租屋将按照这个样板进行外表改造，打造一条欧陆风情街。

“打造这条欧陆风情街，市区街三级政府不用掏1分钱，你们怎么做到的?”这是考察团最好奇的问题。

要回答这个问题，得从马岗村的出租屋管理说起。

小小的马岗村人口超过了9000人，其中从事于批发市场相关的人员将近8000余人，村里出租屋需求旺盛。出租屋管理一直沿用传统管理方式，政府管理起来难度很大。

2014年，当地一家实力雄厚的企业向街道领导班子提出建议：企业将部分出租屋进行统一外立面装修，让出租屋变成“高大上”建筑，可以吸引一些高端的人群入住。

企业的建议不失为一个好主意。石井街道领导班子一致认为，出租屋是时候要从粗放型管理转变为市场化管理。因此，街道大胆对向企业建议：希望企业联合其他出租屋业主组建“出租屋经营管理公司”，邀请村民入股，村民出让出租屋管理权，由公司统一装修，统一出租，将零散出租屋进行成片管理。

很快，出租屋经营管理公司组建了起来，60多位村民入股成为股东。出租屋经营管理公司请来设计公司，设计出一条欧陆风情街。牵头企业前期出资1亿元作为改造费用，政府不用掏1分钱。

随着5幢红白相间的出租屋成为样本，越来越多的村民申请入股。内街内巷的“握手楼”业主也出让给出租屋经营权给公司。按照规划，打造过多主干道上的欧陆风情街后，内街内巷的再进行连片改造，建成创业社区。

出租屋经营管理公司向入股的村民承诺，改造后原来村民的租金收入不减，每年还以一定的比例上涨。

马岗村出租屋管理令人感慨：为何几十年无序的出租屋管理被市场化的模式“一举拿下”？道理并不复杂，市场化的集中管理没有损害村民利益，而且大大提升了村容村貌，这是双赢的做法。

罗同兴认为，未来出租屋的管理力量集中在对出租屋管理经营公司的监督上，这为街道的出租屋管理大大节省的管理成本，同时避免了利益冲突。

（小标）专业市场成立管委会：市场从“要管我”变“我要管”。

“在广州，石井拥有做专业批发市场的条件。”石井街道国大时装城董事长陈瑞荣说。石井街道商铺租金低廉、物流发达、仓储相对便捷，在方圆2公里范围的石井服装批发商圈内，发展出了广大服装城、锦东服装城、庆丰服装城、国大服装城等几大市场。

但是，石井批发市场业态也相对低端，像布匹市场以“称重交易”为主，常有非洲等国际客商身影。市场给石井地区带来了大量的车流、客流，高峰时期一天车流量超过1万车次，下午三、四点过后甚至还会出现堵塞现象。

记者曾经走访过多个专业批发市场，发现批发市场档口几乎都将布匹、磅秤等物品摆出了门口红线外，中间的通道已经遭到“蚕食”，市场中的消防栓也“隐身”布匹等物品身后。

来自揭阳流沙的批发商李华深有体会，她的货车要经过一番挣扎才能开进市场，装好货后，又要从“五类车”中小心翼翼地挪出。李华对石井的批发市场又爱又恨。

专业批发市场改造刻不容缓。早在2012年，街道牵头筹划组建石井商圈联盟，希望通过商圈联盟自治，逐步规范市场主体的经营。

2015年5月5日，石井街道的33个专业批发市场成立了“市场管理委员会”，制定了《石井街专业市场管理委员会章程（草案）》，专业批发市场经营者由原来的“运动员”变成“教练员”，批发市场经营方的自我管理能动性被充分调动了起来。

这个市场管理委员会的组成人员是街道办事处相关负责人、经济联合社书记、石井商会、石井商圈联盟、各专业市场法人代表（董事长）等等。

管委会的自治模式是通过“打分”制进行管理。每个专业批发市场的基础分是100分，分数由事故控制、安全生产及消防安全、打击制假售假、场容场貌、计生管理等事项构成。

管委会根据每月检查情况分实行季度考评、年度考评、专项考评。如果某个批发市场的季度或年度考评分在60分以下，必须接受停业整改。

“管委会的模式是政府牵头、企业参与，企业主体作用明显，变‘要我管’为‘我要管’。”陈瑞荣说，“管委会还定期公布奖惩详细，专业市场不好好管，市场老板评比起来脸上挂不住。”

如今，石井街道的批发市场已经不再有占道经营现象，街道还配合市场发展，规划出了停车场，而市场管委会则监督各档口车辆不许乱停乱放。

（小标）打造“两站一队”：动员来穗人员参与社区管理

石井街总面积13.87平方公里。下辖5个村（经济联合社）、9个社区居委会，常住人口约20万人，其中户籍人口约4万人，少数民族群众约3000人（含维吾尔族389人）。如何为来穗务工人员以及少数民族同胞提供更好的服务，是石井街道重点探索的问题。

记者看到，石井街通过完善“两站一队”建设，即少数民族社会服务管理工作站、法律援助工作站、志愿者服务队，为来穗人员提供贴心的社区管理。

在石井街道马岗村一排新建的商铺里，有三间新疆商铺售卖干果、食品和牛羊肉。每天早上，40多岁的新疆商人玉苏浦江·拜克力早早安排伙计把统一屠宰的新疆羊挂到冰柜里，然后到隔壁的干果店清点货物。

玉苏浦江来广州生活已经有十年时间了，他能讲一口流利的普遍话，还能简单用广州话交流。2014年，他开始在石井街马岗村经营两个档口。

玉苏浦江告诉记者，在马岗村实施环境整治前，村里有不少帐篷清真餐饮，当街杀羊宰牛。2014年，石井街进行“干净整洁平安有序”的城市治理，拆除了乱搭建场所，与此同时增强了服务，在村里主要干道搭起干净的铁皮屋，把常年在此做生意的流动商贩“请”进室内经营。玉苏浦江现在很享受这样的工作环境。为加强对少数民族来穗人员的服务管理，2014 年 6 月，石井街在马岗村设立的少数民族社会服务管理工作站。聘请了 2 名维族专职人员和定期上门服务的维族律师，为少数民族同胞提供专业化、个性化服务。

目前，“两站一队”可为来穗人员提供相关政策咨询服务，协助办理相关行政审批许可事项，协助处理民事、经济、劳资纠纷，受理登记办证、利益诉求、举报申诉等事项，实现了服务管理手续便捷化、一站化。

玉苏浦江还告诉记者，由于政府支持其在当地创业，并且考虑到饮食习惯的不同，未来他和老乡还要在广州经营一家清真牛羊屠宰场。

【对话基层】

石井街道党工委书记罗同兴：

社会治理要与群众共　“协同治理”机制

南方日报：石井街道租屋市场化管理让很多人眼前一亮，这个模式还可以往哪些方面推广？

罗同兴：城中村出租屋管理涉及村民利益调整，石井街道经过多年的探索，认为采取“集中管理、集中经营”的路子是对的，可以在全市推广。

出租屋管理走市场化，通过组建出租屋经营管理公司，让原来零散的出租屋实现了集中管理、集中经营；专业批发市场的管理也依样画葫芦，成立市场管委会，达到集中管理，协同管理的效果。

未来，石井街道还要探索组建临街商贩经营管理公司，通过“集中管理、集中经营”模式，主要解决小商小贩经营规范秩序问题。我们设想由公司对临建进行集中管理经营，将小商小贩“请”进室内经营，第一可以解决乱摆乱放问题，第二提高入驻门槛，减少食品安全问题。

南方日报：石井治理被总结为“石井新模式”，石井担负的责任很大，除了出租屋、专业市场管理外，未来石井还要往哪些方面主动做创新探索？

罗同兴：“石井新模式”是石井在探索社会治理中逐步摸索的经验和方法，它还要继续完善。未来石井要探索建立起一套更为完备的长效机制。

首先，社会治理要深入发动群众、利益共同体共担社会责任。发动群众来维护和巩固来之不易的城市环境治理成果，共同创造更好的社会环境。

其次，社会治理要在“疏堵结合”、“治建结合”上下硬功夫。“疏”是引导市场主体入室经营、规范经营，未来街道会集中修建临时摆卖点，解决群众需求的“里子”，又维护城市环境的“面子”；同时严厉实施“堵”，打击和取缔无证经营。

“治建结合”指治理和建设结合，关键要重视基础设施建设。城中村脏乱差与基础设施建设不完善的历史欠账有关。街道通过完善基础设施和公共服务建设，连居民一个整洁环境，从而提升居住者的素质。

再次，改造低端业态。石井积压了很多社会管理难题，人随业态走，源头在于产业低端。未来，街道要在当前治理的基础上，对产业进行转型升级，挤压低端业态，整体提升城区人口结构。

南方日报：坦白地说，石井这一年治理真不容易，要创新、要苦干，既做加法，又做减法。总结一年来的社会治理，最大的体会是什么？

罗同兴：最大的体会是，社会治理是一场持久战，出成效要千方百计攻坚克难。社会治理是一场持久战，需要投入大量的人力物力。2014 年 11 月以来，市、区、街三级联手掀起一轮社会管理综合整治，重点整治八项事项，投入的人力物力精力是空前的。

我们常常思考这样的问题，未来如果没有了大规模的投入，街道要拿出什么方法来破解“小牛拉大车”的困境。

我认为，未来还要探索“重点突破，以点带面”的工作方法。要在较短时间内迅速遏制各种社会乱象多发、频发的势头，必须找准最集中、最突出、最典型的重点地区，通过集中发力、集中攻坚，实现重点突破，以点带面，带动整个区域城乡环境面貌根本好转。

同时，要建立起“协同治理”机制，充分调动市场经营者参与社会管理、共担社会责任的积极性，构建“多元化”市场管理模式。

撰文：马喜生　黄伟

六、石牌管理：执法和服务力量下沉至村

观察眼：

治理重心下沉到最基层

广州城中村数量众多，问题由来已久，但为何这么多年来，城中村一直以“脏、乱、差”的形象示人？

石牌村是广州历史最大、最悠久的城中村之一，长久以来公共事务管理靠村民自治，执法权缺乏的尴尬让社区居委会和村改制公司的作用大打折扣。社区承担工作的80%以上都是政府部门交办的（主要是区、街布置安排的工作），？如社会治安、环境卫生、安全生产、流动人口管理等。街道工作虽然几乎都下沉到社区，但是工作方式基本按政府指令行事，以摊派方式将政府责任范围内的事项分解到村改居社区，让社区承担了政府原本应该履行的公共管理和公共服务职能。政府组织和村改居社区职能的互相混淆，一定程度造成了城中村成为了“法外之地”，各项城市管理落不到实处。

在执法困境的倒逼下，石牌街道在村内成立城管执法队驻村分队和干部驻村工作组，让相关执法、服务力量下沉至村，这无疑是直面困境，探索解决方法的有效措施。

从行政管理的主管的角度来看，只要是在辖区内，不管是城乡、还是城镇，按照属地管理原则，石牌街的管理机构都是可以管的。传统以来的城中村，街道很少深入到城中村里面进行执法。如今石牌街主动作为，派城管等执法人员深入到城中村里面去，可以更好地让村改居社区的行政力量和村里的自治力量发生融合，形成合力，让三股力量更好地发挥治理的效果。

从今天对于公共管理概念的理解来看，公共管理也叫公共服务。深入基层，通过以服务助管理，来实现管理的职能和目的的方式，就能赢得被管理主体，使执法得到很好地提升。半年的时间，石牌村的居民就已经形成了有

事情找干部的习惯。有了干部和群众深入的交流，让群众享受到干部带来的好处，以后干部办事，群众也会有更多的支持。通过服务助管理，干部下基层形成一种融洽共治的局面，这是非常有好处的。

除此以外，政府对村改居社区必须从制度供给，到人、财、物保障都建立衔接性，从公共产品和公共服务方面进行全力保障。对于城中村，也应该严格按照城市管理办法，村改居后市政基础设施，如道路、路灯、环境、卫生、绿化、水电等应纳入市政统一管理范畴，经费由政府公共财政解决。

成希

石牌管理：执法和服务力量下沉至村

生活垃圾随意乱扔、“三线”乱搭、街巷难见天日、商铺竞争占道经营、流动摊贩乱摆卖、行人难以通行、街道每逢大雨就成为“水浸街”、治安、消防隐患严重……像大多数城中村一样，“脏、乱、差、堵”是之前的石牌村给人的第一印象。

石牌村是扎在广州中间最繁华地段，历史最悠久、最大的城中村之一，各种“顽疾”难治。从 2014 年 12 月份开始，为补齐石牌村村容环境综合治理方面的短板，有效改善村内民众的生活环境，在现阶段不能进行整体改造的情况下，石牌街开展“干净、整洁、平安、有序”建设工作，相继在村内成立城管执法队驻村分队和干部驻村工作组，让相关执法、服务力量下沉至村。近一年，石牌村逐步告别了“脏、乱、差、堵”。

白天走在石牌村，村内巷道真正做到了干净、整洁。道路畅通，临街商铺基本做到“齐门”经营，流动商贩基本看不到；新安装了 15 个出租屋信息栏，招租乱张贴的墙面也消失不见；夜晚走进石牌村也感觉到安全放心，治安和消防好转。村民们也了解到自身的各种问题、需求不会像以前一样没有解决，因为现在有问题有困难可以到街道找干部。

执法下沉：

城管驻村，石牌治理动真格

在石牌村内经营水果店的经营者长久以来占道经营，他们在原有门店不大的情况下，占了一米的道路，而路本身不到两米宽，附近居民一直以来投诉无果。

据人大石牌街道工委副主任亓银城介绍说，受传统经营观念的影响，石牌村内的商铺都习惯性地占道经营。而原来石牌村的这些事务是靠村治保队和经济社自行进行管理，管理方式比较粗放，只有在严重阻碍道路通行的时候才出面劝告。“那时候是占点道就占点道吧，习惯成自然了，大家都这样”，他说。

随着店铺经营者法律意识增强，他们也越来越懂得用法律来保护自己的利益。由于自治组织村治保队没有执法权，这两年村治保队在管市容的时候越来越力不从心，店主会说，“你没有执法权，你如果管我就告你!”。

在这样的情况下，2015 年 3 月 16 日，石牌村在全市率先成立城管执法队驻村分队，将过去村治保队单独巡查的粗放式管理转化为“街执法队 + 村治保队”双队伍互相配合开展工作，实现精细化管理，保证商铺“齐门经营”，不乱摆卖、不占道、不乱搭建。

石牌街城管执法队队长丁友生介绍道，驻村分队由街城管执法队抽调 40 名队员组建，改变了执法队从来不进村的传统，根据“6 分服务，3 分管理，1 分执法”的原则，每天由执法队干部带队，出动 30 余人（驻村队员 28 名、村治保会 5 人、环卫站 2 名）开展日夜巡查整治工作，重点整治“六乱”、占道经营以及“五类车”乱停放等相关市容环境问题。

3 月 11 日上午，石牌街首次组织城管执法队、三骏集团公司和石牌村 4 个社区居委会等单位在村内开展商铺规范经营专项检查行动，街道、村领导干部带头向商铺作思想动员工作，要求商户严格落实“门前七包”，规范经营，对存在的违规占道、乱拉乱挂、乱搭乱建等问题进行整改，水果店就在此列。起初，他们还曾抗拒执法，在经过教育、罚款之后，他们知道是动真格的了。到如今，老老实实地遵守着“齐门”经营的原则。

丁友生说，抽调到石牌村的队员都是街城管队的精兵强将，他们知道村里的情况跟外围相比有很大的不同，但任务更艰巨。之前村内长期没有进行过规范化的管理，城管突然进行管理，村民会认为是城管在针对他们。而且村里的自然条件不像外面的马路那么规范，村里的房子朝向各异，不在一条线上，规范经营的标准难统一。

针对这些困难，城管驻村分队首先对石牌村内的商贩进行《广州市市容管理规定》的政策宣传，之后再对发现的不合法的行为进行规范劝导，对于多次教育无果的商贩才进行强制性地处罚、暂扣。通过这样的方式，城管驻村分队让石牌村内的商贩一步步转变了传统的观念，遵守“齐门”经营的原则。

经过半年多的努力，石牌村内前期的大规范已基本完成。截至 9 月 14 日，街执法队共出动 6992 人次，教育处理乱摆卖 330 余宗，依法查处及扣押乱摆卖 30 宗，罚款 5700 元，教育处理占道经营 5760 余次。清理牛皮癣 12300 余次，劝离五类车乱停放 120 余次，联合交警查扣 30 余辆。拆除违法乱搭建 20 余宗，清理违规设置铁架平台 50 余宗。村内暴力抗法共计 8 宗，公安均介入。

在石牌住了十几年的王先生对记者说，他经常在上下班的时候碰见城管驻村分队的在巡查，有些商铺摆出来了，队员就要他们摆好。现在街道都比较整齐的，道路畅通了很多，不会再有人挤人的感觉。之前夜宵摊都摆在外面，现在都规规矩矩摆在里面，不会像以前一样到处都是。他说，“我觉得石牌村已经好了很多了，作为一个近十万人口的城中村，能够做到这样已经算是很不错了。”

华南师范大学法学院副院长张永忠教授认为，一直以来城中村过分强调村里的自治，没有看到有些公共事务，行政力量也要参与进来，而且要更好地发挥引导、主导作用。现在石牌街主动作为，派城管人员到村里面去，可以更好地让村的行政力量和村里的自治力量发生融合，形成合力，让两股力量更好地发挥治理的效果。在未来中国城中村大量存在的国情下，这种“城中有村、村中有城”的问题是一个重大的课题。石牌街道敢于直面现实中的这些难题，去探索执法力量怎么融入到最底层，去跟老百姓打交道，这是一种很大的气魄和胆量。

服务下沉：

干部驻村，以服务助管理

八月底，石牌街党工委书记、人大工委主任刘庆进和一位村干部走在石牌村内时，董姨、潘姨、池姨指着他们批评：“村干部，不让我们在门口贴出租广告，搞到我现在生意都没得做了。”

原来，自2014年底开展“干净、整洁、平安、有序”工作以来，石牌村内新安装了出租屋信息栏，统一张贴广告，从而禁止在树上、墙上乱张贴出租屋广告。专门做房屋中介的董姨、潘姨、池姨担心，在出租屋信息栏贴广告效果不好。

刘庆进把董姨、潘姨、池姨请到了办公室，认真了解她们的诉求。董姨提出希望能单独给她们做一个小的广告牌，刘庆进让工作组研究之后，马上给她们弄了一块小的广告牌在旁边。两个星期前，刘庆进又和队员路过，董姨对村干部竖起了大拇指。刘庆进回忆说，“我很开心，因为能够为群众做一些实事，虽然事情小，但得到了群众的认可。”

董姨说，石牌街的干部是在天河北上班，石牌村的群众不方便联系到。现在，石牌街道抽调全街骨干力量，于8月份成立了由4位处级干部、9位科级干部以及相关工作人员组成的驻村工作组，他们随时随地能够找到街道领导反映诉求，也能够第一时间得到解决，她要为石牌街点赞。

据了解，石牌街道驻村工作组下设4个工作小组，每小组由1位领导、2-3位科级干部、执法队员、社区专干、三骏集团班子领导、治保队员等组成，通过现场办公、召开座谈会、走访居民商户等方式广泛集中听取民意，了解民众的实际需求，通过街道、村、社各级联动推动问题解决。

刘庆进说，“我们就是要想办法帮助群众解决问题。”为了整合各部门、各单位资源，及时了解驻村工作建设情况，更好地解决群众问题，石牌街还设立了驻村协调推进工作联席会议制度。联席会议每周一上午举行，石牌街班子成员、驻点干部和工作人员，石牌派出所、石牌工商所、食药监所有关负责人，以及石牌三骏集团、经济社、社区的相关负责人都会参与会议。

记者采访时，刚巧碰到联席会议召开，他们正热烈地讨论怎么解决整治石牌村无证照经营过程中出现的问题。石牌工商所在9月份开始了无证照经营清查行动，刘庆进说，“我们在检查中发现，商铺没有办理营业执照的原因千差万别，每一类个案，我们的工作组都要进行指引，想办法帮忙解决”。

比如，村里很多店铺没有产权，这样很难办理营业执照。而没有产权的原因又有很多种，驻村工作组就会根据情况，在法律允许的范围内，帮助提供一些临时场地证明。池先生是石牌村的老居民了，人在加拿大，没法回来进行证明房子是自己的。但邻居知道情况，工作组就转变思路，让邻居来证明房子确实是池先生的，为远在国外的村民办理了相关营业执照。

在清查行动的同时，为了规范石牌村商铺经营行为，石牌工商所、食药监所等部门每天派人到村内告知、督促、指引大家办证。相关部门还专门在石牌村设立临时办证咨询点，受理办理《临时经营场所使用证明》、咨询其他证照办理等业务。

据统计，9 月 1－15 日期间，流动人员和出租屋管理服务中心绿荷社区服务站共受理办理临商 130 个；石牌工商所共清查商铺 294 间，其中有证 139 间，无证 95 间，过期 60 间，办新执照 7 户，续期 3 户；石牌食药监所共受理办证 17 份。

刘庆进说，驻村工作组成立这一个多月以来，已解决了居民反映强烈的空调滴水、内街冷巷环卫保洁等问题，水浸街、用电难等问题正在逐步推动解决。

华南师范大学法学院副院长张永忠教授认为，干部驻村的做法，能形成一种和谐共治的状态，这是非常有好处的。因为长期以来，我们的执法干部给人的感觉就是高高在上的，驻村这种方式，能融入到最低层，我们的干部、城管的执法，能让当地的老百姓感受到他们实际存在的状况，密切他们的关系。而且工商所这些也不仅仅是管理，今天对于公共管理概念的理解实际上也叫公共服务，我们深入基层，通过以服务助管理，来实现管理的职能和目的的方式，就能赢得被管理主体，执法水平得到很好的提升。

同时，也对干部自身素质能力的提升也有好处。干部不仅要懂得政策方针，也要了解基层第一线的情况，包括普通老百姓真实的想法，利益的诉求，他们在现实当中渴望什么，需要我们去解决什么，而不仅仅是在办公室里拍脑袋决策。

对话基层

对话石牌街党工委书记刘庆进：

南方日报：石牌街怎样看待“干净、整洁、平安、有序”建设工作？

刘庆进：石牌村地理位置扎在繁华中心，人口高度密集，面积很小，0. 31 平方公里住了近 10 万人。但这 10 万人住在一个狭窄的空间，消防不好、治安不好、环境卫生差，已经影响到珠江新城和北边繁华区，经过石牌东路、石牌西路，都会造成很大的不协调。石牌村存在这么多的隐患和问题，街道还是要想办法，在没有整体改造的情况下，改善环境，要让这里的人能够安居乐业，更好地为珠江新城，为天河商圈做服务。

而且石牌电脑城实体经济受电商的冲击很大，有些顾客比售货员还少，导致石牌村里的房子出租有很大的压力。现在车陂、棠下、员村等地的交通越来越方便了，特别是通了地铁以后，环境、卫生、治安消防都有了很大的改善，租金又比石牌低，很多人被吸引到那里，石牌的物业可能就没人租了。村里也面临提升竞争力的问题，在城中村没改造之前，石牌村凭什么跟兄弟村竞争，凭什么吸引人到这里居住。石牌必须从生存和发展的高度来看待“干净、整洁、平安、有序”建设工作。

刘庆进：城管可以发挥政府对城市管理的作用，因为它是城市综合管理执法，真正的农村可以不用去，但现在的城中村还不是法律意义上的农村了，都是城市居民了，他们的组织机构、运行机构都不是村委会，都是居委会。首先，居委会是受《城市居民管理法》规范的，是有法律依据的，为什么不能当成城市的一部分，为什么不管呢?? 城中村并不是天生的脏乱差的，城中村也是有可能搞得好的。其次，作为党委和政府，也应该承担起公共管理和公共服务的职能，而不能把一些职责推给村改制公司。

南方日报：为何要在村里设立干部办公室?

刘庆进：设立办公点就是为了第一时间发现这里的问题，第一时间协调解决这里的问题，归根到底还是要发展民生，民生问题就是要处理村民集体的收益。第二是服务居住在这里的人，包括外来居住的人的生活环境的改善。

省委要求领导干部直接联系群众，我们的街道、居委会干部每天和群众打交道，我们能够把执法队派进来，派出所把公安干警和辅警派过来，村干部和各经济社长都发动起来，也是倒逼为公众服务的人员更加联系好群众。我们每天都跟业主、经营店铺的人沟通，我们帮助解决他们反映的问题，那也体现了政府的工作导向。

采写：南方日报记者成希　实习生柳佳路

七、车陂变局：全省率先实现“一支队伍管全部”

相互扯皮、执法力量头重脚轻、有权管的看不见、看得见的无权管……这些难题困扰着全国各大城市的管理者。天河车陂曾经遇到的治理困境，正是这些问题的集中呈现。如权力边界不清，导致多头执法、重复执法，给企业、群众增加负担，还引发了部门之间相互推诿扯皮，不作为或慢作为，形成管理真空和执法空白。执法部门各自为战，缺少协调配合，难以形成合力。受编制、经费等制约，基层执法力量不足、分布不合理，无法满足监管实际需要等问题。然而镇街承担着大量属地管理职责，但没有相应的行政处罚权，使得街镇政府无法发挥应有职能，难以落实属地管理责任。

在人力资源有限的情况下，又要在短时间内扭转管理方面的困境，不能依赖传统旧有的模式，只能是从治理的机制和方式方面进行探索创新。车陂探路“一支队伍管全部”，将包括城市综合管理等 300 多项执法权力交给街镇，可以说是选准了改革突破点，覆盖了管理空白点。

我们注意到，车陂采取一支队伍管到底、一支队伍管全面，在执法的过程中非常讲究执法的程序。比如说在网格巡查中发现违法事项需要执法的时候，在不具备 2 名执法人员同时在场的情况下，他们通过后台及时调度，调整执法人员马上到场，这就确保了整个执法程序符合法律的要求。好的管理方式管理机制，要长期保持下去，必须走法治化的道路。车陂的治理创新背后体现了制度化的思维，无论是执法人员还是被管理主体，只有在确定的法律制度面前，才会主动地去执法和自觉地守法。

在合法的约束空间下，车陂的创新值得肯定，这种治理机制和管理方式的创新，不仅仅用在车陂，还有很强的推广价值，其他镇街都可以模仿和学习车陂的模式。当然，各个区域所面临的难点可能不大一样，但是仍然可以采取车陂的模式，进行前台共管、后台分流，用整合资源的方式去进行基层治理。

“深水区”的改革，需要蹄疾步稳。对于车陂的综合执法试验，未来仍然要经受时间和实践的考验，还把改革措施做深做细做实，解决执法人员培训不到位、滥用权力乱作为、监督执法有欠缺、配套制度不完善等可能出现的问题，实现公正公平执法，确保改革不偏、不急、不拖沓，同时要争取全社会理解、支持、参与改革，共同推动基层治理水平的提升。

车陂变局：全省率先实现“一支队伍管全部”

私搭乱建、无证照经营、餐馆油烟噪声扰民……这些曾让人投诉无门的烦心事，如今在车陂有了解决方案。

继组建一支集公安、城管、交警等各方力量的综合执法大队，在全省首创“公安+城管执法”为主的综合执法模式以后，天河区车陂街在原有模式的基础上，整合街道包括城管、安监、劳监、综治、文化、计生等有关行政执法资源，建立与工商、食药监等职能部门的联动机制，组建全新的车陂街综合执法大队，集中行使街道所有（含委托、配合）的373项行政执法权，在全省街镇一级率先实现了“一支队伍管全部”、“一支队伍管到底”。

华南师范大学法学院副院长张永忠教授认为，广州执法部门不少，但缺乏统一指挥，基本上处于各自为战的状态，又由于权力边界不清，经常出现互相推诿扯皮的情况。车陂街的改革模式将执法权进行划转、集中，组建了一支综合执法队伍，集中行政执法权。这样一来，行政部门不再各管一摊、多头执法，而是形成合力，有效缩短了执法半径，进一步提高城市管理水平。

难题

九龙治水　管不了一家无牌餐馆

车陂街位于广州市天河区东部，面积5.6平方公里，户籍人口3.7万，外来人口12万多。辖区车陂村是天河最大的城中村，东圃大马路是天河东部地区最大的“商圈”，辖区每天的人流量超过30万，曾被称为“走鬼天堂”。

为了创建“干净、整洁、平安、有序”城区示范街道，2014年11月17日，车陂街组建了全省首支“公安+城管”模式的路面综合执法队伍，从根本上解决了辖区路面上各类城市“乱象”问题。

然而一些老大难问题仍然没有得到有效解决，市民经常遇到“七八顶大盖帽管不住一顶破草帽”的情况。

李军租住在车陂村，他发现村里有不少无牌照的餐馆，卫生状况堪忧，有的还把餐桌摆到人行道上，甚至私搭乱建，有严重的消防隐患。李军多次向街道办投诉反映，但是这样一家小小的无牌餐馆，却涉及众多管理部门。

李军被告知，私搭乱建要由国土规划负责认定，无证照由工商部门查处，卫生不达标是食药监部门的职责，乱摆卖归口城管，涉及的油烟噪声扰民，又归口环保部门。消防问题又分为是使用燃煤，还是使用瓶装煤气，前者由城管，后者由消防负责。

食药监部门说无证照经营归工商查处，工商部门又称餐饮属于食药监部门监管，环保局只管有证餐馆。街道办综合执法大队带着李军前往现场调查，餐馆店主却说“你们无权管理”，拒绝配合检查。“皮球”踢了很久，无证照的餐馆照样营业。

周边居民不满意，认为政府不作为，餐馆老板也不满意，认为政府“加重负担”。店主陈强的观点就很具代表性：“开个小店，三天两头有不同的部门来查，到底让不让人做生意?”

车陂食药监所对此也很委屈，该所包括所长在内只有 3 名在编执法人员，但是要管辖的人口有十几万，涉及管理对象上万家，还要参与上级交办的各种任务，进行日常的监督与检查。对于城中村这种无牌小餐馆，食药监不是不想管，而是根本管不过来。

这种状况也出现在车陂工商所等基层单位，时间一长，违法行为形成既成事实，处罚的难度更大。

张永忠教授解释，部门在立法中，一般会根据各自的管理需要进行规定，这会导致对同一事项，多个部门就有不同角度进行规范，存在冲突矛盾的情况，形成管理“真空”、执法“空白”，甚至对执法成本高、执法风险大、或是“无利可图”的事情互相推卸责任。

破解

一支队伍管到底

373项行政执法权“一肩挑”

天河区相关负责人说，为了破解以上难题，天河区从完善《车陂街关于组建综合执法大队工作实施方案》着手，整合街道包括城管、安监、劳监、综治、文化、计生等有关行政执法资源，建立与公安、工商、食药监等职能部门的联动机制。2015年3月起，车陂街在全省街镇一级率先施行“一支队伍管到底”。

大队下辖2个执法中队，路面巡逻综合执法中队（以下简称“路面中队”）和网格综合执法中队（以下简称“网格中队”）。网格中队由车陂街城管执法队人员（49人）、社区民警（13人）、辅警（18人）、车陂食药监所（2人）、东圃工商所（2人）、安监中队（4人）、劳监中队（2人）、车陂村治保队员（15人）、各社区居委会负责人（若干）组成。由街道分管城管工作的副主任兼任副大队长，负责日常联系开展工作，中队长由车陂街城管执法队队长担任。

网格中队执法范围则是负责根据片区所属的各个网格的执法，包括了城乡建筑规划管理类执法；市容环境卫生管理类执法；建筑工地施工管理类执法；燃气经营执法类执法；救助管理类执法；市政管理类执法；养犬管理类执法；园林绿化管理类执法；安全生产、消防类执法；劳动监察类执法；民政类执法；综治类执法；出租屋类执法；计生方面的执法；上级交办的其他工作任务。

大队长杨建新介绍，路面中队主要是在巡逻中发现问题，网格中队问题的发现来源于队伍的巡查、社区网格上报、群众投诉、上级检查、社会曝光5个方面，同时根据工作职责，及时处理巡逻发现的问题和大队分流出的执法事项，对巡逻中发现的问题在无法保证现场有2名在编执法队员的情况下，调度力量集中进行处理。现场处理的执法项目或分流到职能部门的执法事项在完成执法程序后，均要反馈回执法大队内勤组统一记录备案。

网格中队按照网格管理和综合执法相结合的模式，根据不同事项组织开展巡查和执法，城市管理类、安全生产类以日巡查劝导方式开展；劳动监察类、工商类、食药监类、出租屋类以周检查开展；民政类、文化类、综治类、计生类事项以专项集中整治方式开展，根据需要原则上每月安排一天集中全队人员开展集中整治。

成效

办事环节少了　处理效率高了

新大队的组建，让李军之前投诉的问题马上得到了解决。

车陂街安委办主任毕火艳是网格中队东片区片长，他带领工商、食药监、城管、安监、社区居委会等部门同时到场，彻底解决了"主体不清、权责不明"的问题。工商检查营业执照，食药监检查食品许可证和卫生安全，安监负责消防检查……行政执法重心下移，带来的是执法半径缩短、执法效率提高。

网格中队以社区网格化管理为基础，辖区278个社区网格员作为网格执法发现问题的信息来源，并代表综合执法队伍向执法对象发放违法行为告知书。针对网格发现、巡查发现的各类问题，通过大队统一转办、分流处理，并不定时组织开展大型专项执法行动。

目前，日常巡视发现的一般问题，基本能够做到当天处置当天解决，特难案件，件件有回音。所有的投诉结果及时反馈，迅速办理，让行政执法力量真正沉到基层。

来自七分队的孔组长表示："队伍成立以后，执法对象扩大了，工作内容变得不像以前那么单一了。有了多个兄弟部门的震慑作用，执法更有底气了。"孔组长从2006年开始就担任城管，过去在执法过程中只能针对物品，比如清理辖区乱摆卖的行为。如今，由于队员构成成分的多元化，执法队伍的工作内容也丰富了不少。

孔组长带领队员协助过民警处置路面警情、对警情高发地区进行治安巡逻防控，以及整治"五类车"等等。工作内容的变化增加了队员们参与工作的主动性，让他们在工作上有了更大的发挥空间。在民警防控、抓小偷或是消防队员处理火情的过程中，队员们都积极参与到现场，疏散群众，维护现场秩序。

多个商贩表示，以前三天两头有不同的部门来做各种检查，发出各种各样的指令。如今只要一次检查，就能够知道存在哪些问题，他们再及时进行整改，减轻了很多负担。

车陂食药监所科员李国平介绍，网格执法中队综合整治专项行动对他们平常的工作有较大的帮助。因为基层的执法人员并不多，难以做到面面俱到。现在多个部门一起检查，覆盖面广了，为食药监平常的工作提供了更多的信息。另外多人一起检查也增加了公信力，更能威慑一些店主。

东圃工商所科员陈建新称，东圃工商辖区有 2 个街道，总人口有几十万，但是只有几名在编执法人员，基层执法力量薄弱。如今大队有专门的力量巡查，得到居委会和村股份公司的配合，提供了大量有效的线索。一般的违法情况，违法当事人都能积极整改。遇到个别顶风违法的典型，职能部门就会组织联合专项查处，能够极大提高工作效率，将他们从繁重的工作压力中“解放”出来。

车陂派出所片区民警郭实和说，网格中队有几十号人，在巡查的过程中，能够兼顾警情，发现违法犯罪分子的苗头，及时报告他，对警方的工作帮助很大。综合整治以来，治安也好了许多，对他平常的工作有所帮助。而且社区民警、辅警在专项行动中进行协调，也能够使检查顺利进行，避免了暴力抗法的情况发生。同时，他对辖区的民情比较熟悉，一般的违法行为，经过劝说，都能及时改正。

车陂街党工委书记王亚平：

“试点改革难在

思想观念的转变”

■对话基层

南方日报：为何车陂要试点“一支队伍管全部”？

王亚平：镇街作为区级政府派出机关和基层政府，承担着大量属地管理职责，受编制、经费等制约，基层执法力量不足，分布不合理，又没有相应的行政处罚权，使得镇街政府无法发挥应有职能、落实属地管理责任。

各职能部门的权力边界又不清，导致多头执法、重复执法。不仅给企业、群众增加负担，还引发了部门之间相互推诿扯皮，不作为或慢作为，形成管理真空和执法空白。有的执法部门各自为战，缺少协调配合，难以形成合力。

南方日报：试点过程中有何阻力？

王亚平：一开始还是很困难的。主要是难在思想观念的转变上。“一支队伍管执法”工作是对综合执法工作的“微改革”、“微创新”，没有从根本上替代对各支队伍的管理。一直以来，执法部门“自扫门前雪”的思想观念是普遍存在的，队伍整合之初，有人有“警察干了城管的活”的看法。实际工作中，在区委区政府的统筹下，街道反复沟通协调，努力灌输“城市乱象就是孳生社会治安问题土壤”的认同理念，不断强化“综合执法是公安部门履行巡逻和预防犯罪法定职责有效手段”的合作意识，增加综合指挥中心信息准入制度打消公安部门顾虑。随着队伍的不断磨合，工作成效的逐步展现，合作共赢思想观念才真正形成，最大程度的整合资源得以实现。

南方日报：社区和股份公司没有执法权力，为何将它们纳入大队？

王亚平：社区干部没有纳入综合执法大队，但他们是网格员，负责日常巡查发现并上报执法问题。社区居委会、村股份公司以及街道办对辖区的情况非常熟悉和了解，又与居民和摊贩互相熟悉，信息沟通很充分，这有利于执法的良性互动。伴随着力量下沉到街道，综合执法队伍与百姓更近了，多数居民能理解配合，执法也减少了办事环节，提高了处理效率。现场执法中，在巡查中发现的较为简单的违法行为，就以口头劝离、书面告知的方式进行劝离处理，大多数商贩都能够立即整改。对于不予配合的执法对象，社区居委会和股份公司会前往劝说，甚至动员业主施压。对于屡教不改的违法行为，执法大队就会集中力量予以清理，达到震慑一片的作用。

南方日报：改革有哪些成效？

王亚平：经过半年多的努力，车陂街的治安效果得到了明显的提升。过去城管执法队每月至少遇到一起暴力抗法，并引发群体性事件，2015 年以来只有一次暴力抗法，没有引发群体性事件。街道信访系统中有关城管方面的投诉量同比下降 90%，有关综治类的信访投诉量同比下降 91%，全市 12319 城管投诉系统属于车陂的投诉量同比下降 20%，辖区路面刑事治安警情同比下降 23%，火灾警情同比下降 15%，路面案件同比下降 17%，入室盗窃案件同比下降 18.6%。

大队成立以来，队员在工作中解决群众难题的案例有48宗，包括询问、送小孩回家、帮助走失老人、救助车祸伤员等等。随着整治工作的深入，辖区内居民群众，也对他们的成绩给予了赞扬。从2014年11月到2015年7月，大队收到来自电话、信件、政民互动等渠道的表扬6次8封。

南方日报：车陂在治理模式上的创新，最大的收获是什么？

王亚平：我们在坚持依法行政，加大行政执法力度的前提下，立足于可复制、可推广，在不增加人员编制、不改变执法主体的基础上，全面整合现有执法资源，组建统一的综合执法队伍，集中行使街道所有（含委托、配合）行政执法权，切实解决执法力量分散、多部门交叉上门检查、执法效率低下等问题。组建至今，没有接到一宗对执法问题的投诉，整治工作得到居民群众的普遍认可。

撰文：成希

八、棠下转身：从旧厂房到新三板孵化基地

观察眼

“筑好巢”才能引来“金凤凰”

应该先整治城中村的环境，再通过良好的环境吸引高端企业？还是先引入高端企业，再倒逼城中村环境的改善？这个似乎是“鸡生蛋还是蛋生鸡”的问题在天河区棠下街得到了很好的诠释。

从2014年9月份开始，棠下街开始创建“干净、整洁、平安、有序”的城区环境，短短一年时间后，不仅街道的人居环境得到了极大改善，还带动了产业结构的优化，城中村的旧厂房华丽变身为新三板孵化基地，服装工业区转型为网络教育园区，带动村物业租金提高了约30%。

脏乱差、产业层次低，这几乎是每个城中村的通病。俗话说，人靠衣装，佛靠金装。好马配好鞍，英雄配宝剑。一般而言，有什么样的办公环境能吸引到的就是什么样的企业。环境一般时，村中村的厂房最大的优势在于租金便宜，因而吸引的大多是一些对租金特别敏感的低档产业。

棠下街从修炼“内功”着手，先提升人居环境和办公环境，通过良好的环境吸引相对高端的产业。而更高的产业结构必然会带来了更加高端的人力资源结构，在提高村民物业经济收入水平的同时，也减轻了城中村的管理压力。

在大拆大建，彻底推动重来的城中村整治模式日渐式微的今天，棠下街取得的这一意想不到的效果，给众多急于提升产业结构的城中村提供了一条可供借鉴的道路。

开放的广州呼唤城市环境再提升，城市治理与产业提升有着良好的互动关系。棠下街的实践证明，如果仅仅满足于一时之利，不重视软实力的提升，就算是招来了好的企业，也多半留不住。只有提升了区域的硬环境和软

环境，“筑好巢”才能引来“金凤凰”。

值得注意的是，“筑好巢”引来“金凤凰”之后，如何“护好巢”将成为城市治理的重中之重。因为领导的关注，社会的关心，一个区域通过短时间的突击整治，暂时改善环境这并不难，难的是热度过后，如何通过长效机制，长期维持“干净、整洁、平安、有序”的城区环境。

当然，城中村通过筑巢引凤，在享受企业发展壮大带来的红利的同时，其服务水平和管理能力也要跟得上企业发展的步伐。只有这样才能实现良性的互动，取得共同的提升。

（刘怀宇）

主稿：

棠下转身：从旧厂房到新三板孵化基地

坑坑洼洼的巷道上污水横流，各个角落垃圾随处可见，各类电线星罗棋布遮天蔽日，走鬼将各个路口围得水泄不通……这是一年多前，广州天河区棠下街经常出现的景象。不仅环境脏乱差，充斥棠下街的还都是小作坊、小工厂、小食店等低附加值业态产业。

在广州中心区，棠下街是仅存的几个以村中村为主体街道之一。在7.42平方公里的土地上，分布了棠下、棠东两个城中村，35万人居住在此，其中外来人员就有26万人，数量之多居天河区城中村首位，日产垃圾230吨，占到了天河区垃圾总量的六分之一。从

2014年开始，棠下街抓住创建“干净、整洁、平安、有序”城区环境的机遇，大力调整产业结构，加快优化居住人员结构，重点对村物业及周边的环境集中整治。

这次整治不仅彻底改变了棠下脏乱差的面貌，更是促进了经济结构的转型升级，加快了居住人员结构的优化。棠东村御景工业区，现正逐步转型升级为新三板孵化培育基地，棠下村班尼路服装工业区改造转型为邢帅网络教育园区，吸引了一批创新能力强的高科技（互联网+）的企业入驻，带动村物业租金提高约30%。

一、困境：垃圾满地污水横流

居民叫苦产值低对于就职于广州一家企业的李峰（化名）来说，棠下村

有着特殊的意义。2013 年，李峰大学毕业之后，在天河区找到了人生中第一份工作。这份工作工资不高，但公司周围的房子租金却动辄两三千元，他根本负担不起。最后，他在一个同学的建议下，住进了棠下村。这个城中村离他所在的公司仅有几站地，租金也很便宜，地点相当不错。

然而，住进去之后，这里的生活环境却让李峰叫苦不已。首先是环境卫生差，街道上到处是垃圾，一到了下雨天，下水道经常堵塞，坑洼水泥路面不时会涌出污水。如果雨下得大，居民出门都难，他因此迟到了好几次。

更让李峰难以忍受的是，村里面走鬼非常多，大半夜的经常有油烟袭扰，还有人大呼小叫，美美睡上一觉都成了奢望。加上城中村人员复杂，他亲眼看到了好几起打架斗殴的事件，他所在的出租屋更是屡遭小偷光顾。

仅仅住了几个月时间，李峰经济状况稍有好转，他便迫不及待地搬出了棠下村。

棠下街棠东村丰乐路的村民简女士介绍，过去村里的巷道上总是坑坑洼洼的，污水横流，垃圾遍地，老鼠跑来跑去。另外，成群的走鬼将道路挤得满满的，不要说开车，就算是带着小孩走路也得小心翼翼，生怕被碰到了。另外，巷子里楼与楼之间的电线密密麻麻，大晴天都难见太阳。高一些的车辆如果一定要经过，只能用竹竿顶起上面的电线才行。

棠下街党工委书记邹彦庭介绍，街道分为棠下、棠东两个城中村，35 万人居住在此，其中外来人员就有 26 万人，数量之多居天河区城中村首位。这部分外来人口中，除了一部分像小李那样，刚毕业的学生住在这里过渡之外，大部分都从事比较低端的工种。两个城中村出租屋、工厂企业和三小场所排查的消防安全隐 100 多处，每月治安信访维稳案件超过 15 宗，是广州市管理难度最大的城中村之一。

不仅环境糟糕，棠下街产业结构也非常低。同样是位于天河区，棠下街距离珠江新城、天河城商圈等地并不遥远，但其经济发展水平却不可同日而语。棠下街辖内两个城中村工业厂区面积达近 120 万平方米，大多是小作坊、小工厂、小食店等低附加值业态。街道也曾想过引进一些高科技高层次企业，但往往都是落花有意流水无情。

二、整治："蜘蛛网"不见踪迹　面貌彻底改变

“村里面以前也整治过，但2015年整治的效果感觉特别明显。”棠东村村民潘先生表示，2015年以来，村里环境一下子发生了根本性的变化：街道干净了、老鼠不见了、电线也变得齐整了……

短短一年多时间，棠下街整个面貌发生了彻底的改变，原因何在呢？邹彦庭介绍，从2014年开始，棠下街开始按照广州市和天河区的统一部署，开展干净、整洁、平安、有序城区环境建设工作。

他介绍，棠下街的达善大街、毓桂大街、向东大街等大多数街巷，原来的巷道非常窄，房屋建筑密，楼与楼之间只见“一线天”。在这狭小空间里，以前盘织交错着网线、电话线、电视线，整个巷道遮天蔽日，不仅影响了环境卫生，还存在严重的安全隐患。

最近，记者来到毓桂大街见到，巷道里原本密密麻麻的“蜘蛛网”不见了踪迹，取而代之的是一条条整齐的线槽。邹彦庭介绍说，2015年以来，棠下街大力整治“三线”（电线、网线、电话线），按照“强弱分离、横平竖直、剪除废线、消除隐患”的原则，大力剪除废线。至今，仅棠东城中村就疏理“三线”近10万米，清理废旧“三线”近198吨，基本上实现了强弱分离，极大地消除了安全隐患。在此基础上，棠东村更是在全区率先组织中国电信等主流电信运营商实施“光进铜退、光纤到户”工程，建设更先进的光纤网络，全面替换之前的电缆网络，目前有15000多户棠东村居民使用光纤通信服务。街区电线“蜘蛛网”暗无天日的现象不复存在，城中村“重见天日”。行人走在街巷中，感觉头顶十分敞亮开阔。“这里终于可以看到阳光了。”居民苏先生感慨地说。

按计划，棠东、棠下两条城中村的“三线”整治和“光进铜退、光纤到户”工作将在2015年年底前全面完成。

邹彦庭说，三线整治极大改善了棠下街的居住环境，也消除了很多安全隐患。2014年，棠下街发生了72宗火警，其中42宗是由于“三线”引起。在周边一些街道火警更多的前提下，截至2015年9月，整个棠下仅有4宗因“三线”问题引发的火灾。

“三线”整治还仅仅只是棠下街开展干净、整洁、平安、有序城区环境建设工作的一个方面。邹彦庭介绍说，类似“三线”整治这样的改造在棠下街还有好多方面。

“最困难的是整治下水道，我们想重新铺设路面的时候，发现地下全是居民自己修的下水道，纵横交错，肮脏不堪，”一名棠下街工作人员表示。将路面“起底”的巨大工程，他们先后拆除了南边大街、大片路、东南路、三担街、毓桂大街、官育路、口岗大街、丰乐路、富华街等街巷的占道梯级和铁架，拓宽和新铺沥青路面近3500多米，修建人行道3000米，安装交通护栏4200米，疏通和新铺200条街巷下水道，解决26处长期困扰群众出行的水浸街黑点。

一年前，走进棠下村达善大街、棠东村丰乐片区街巷，下水道堵塞，坑洼水泥路面不时会涌出污水，每逢雨季小雨小浸，大雨大浸，暴雨成塘，下雨天居民出门寸步难行。如今，棠下街辖棠下、棠东村，路面整洁平坦，干净有序，下雨天再也不用蜻蜓点水一样走街串巷。

此外，棠下的道路也发生了天翻地覆的变化，这得益于一种叫“微循环”的管理模式。“微循环”是街道根据村内道路情况，设计了4条封闭式管理的车行道路，使车辆能在村内按交通标识有序循环运行。

达善大街因为人流量大、占道严重、常出现塞堵、整治工作量大，而被列为“交通微循环”综合整治线路之一。在这样的环路里，道路被统一铺设平整，统一交通标识，方便居民出入。更重要的是当火警消防事件发生时，“微循环”线路可成为一条生命救援通道。

三、改变：租金提高三成　高新企业争相进驻

环境的改善村民是最直接的受益对象。村民简女士说，她的出租屋有大约700平方米，此前让二房东在管理。最近她去出租屋发现，里面环境好了很多，租客的层次也高了不少。“以前出租屋里住的什么人都有，现在能明显感觉到年轻人多了，从事正当职业，按时上下班的人多了。”？简女士表示，她的出租屋相比以前好租了很多，等合同到期之后，她肯定会提高给二房东的租房价格。

不仅是村民受益，环境改善给棠下街还带来了“意外”的收获：长期努力提高，却始终不见起色的产业结构开始变得更好了。

广州晟烨信息科技有限公司是一家从事提供基础教育领域智慧型应用服

务和各类集成系统的高科技型公司，是广东教育智慧化领域最大的信息服务运营商之一。2014 年底，因为租金相对便宜，公司搬到了位于棠下街棠东东路的一个产业园。该公司总经理麦伟斌介绍，公司进驻后，他们发现这里卫生状况糟糕，停车杂乱无章，整个产业园门面也十分破旧。“我们公司正筹划上新三板，经常要邀请一些投资公司的老板到公司考察。让那些老板看到我们公司在这样的场所办公，无疑会减分不少。”因为如此，在年中时，进驻才几个月时间的晟烨决定搬走另找办公场所。

正在此时，棠下街推进干净、整洁、平安、有序城区环境建设工作的触角伸到了这个工业园区。棠下街重点对村物业及周边的环境集中整治。棠东村率先在工业区比较集中、有近 10 万平方米园区面积的御景创意园，引进中国远洋控股集团，推进改造转型升级，挂牌成立了天河·远洋新三板企业孵化基地。

“你们先别忙着搬走，耐心等 3 个月，我们整治不好，你们再搬不迟。”挂点棠下街的天河区领导对麦伟斌说。

短短一个多月时间，破旧的外立面变得时尚整洁，扔满垃圾的空地变成了休闲广场，被走鬼霸占的街道开始变得通畅了……麦伟斌发现办公环境已经发生了彻底好转。

“虽然整治之后租金比以前贵了，但环境确实好了很多，我们觉得不用搬就很好啦。”麦伟斌说。

在这个孵化基地，和晟烨公司一样，被其办公环境吸引的企业还有不少。远洋新三板企业孵化基地有关负责人告诉记者，目前该基地已经有 40 家互联网 + 企业进驻，另外还有许多创新性企业正在洽谈进驻事宜。孵化基地致力于优先解决园区内中小企业企业融资难、融资贵、融资慢等难题，为天河区创新型中小微企业融资提供便捷的通道，同时也为物联网、电子商务、软件开发、在线教育等新一代信息技术产业提供研发、生产、人力资源、后勤保障、政务服务等全面的平台服务，促进创新型中小微企业融资能力提升。

邹彦庭则介绍说，棠下街紧紧抓住创建“干净、整洁、平安、有序”城区环境的机遇，大力调整产业结构，加快优化居住人员结构，重点对村物业及周边的环境集中整治。意想不到的变化是带动当地物业的租金水平提高了30%，同时也吸引了一批市场前景好、创新能力强的高科技企业进驻，加速了产业结构转型升级，加快了居住人员结构优化。

邹彦庭还兴奋地向记者介绍。除了远洋新三板企业孵化基地之外，棠下村也在原班尼路服装加工区取得突破，从外地引进邢帅网络教育等多家移动互联网企业进驻，仅邢帅网络教育就有近1000名很有朝气的年轻人，预计2015年产值可达6亿元。

对话基层：

棠下街党工委书记邹彦庭

建立长效机制是这次整治的最大特色

南方日报：棠下街对环境的整治并不是第一次，在你看来，这次创建“干净、整洁、平安、有序”城区环境跟以往相比，有哪些不同？

邹彦庭：与以往相比，最关键的一点是这次整治建立了很好的长效机制。另外，财政经费对这次整治行动的支持力度也比较大。

南方日报：有村民担心，通过这段时间的整治，街道的环境确实得到了改善，但未来可能会有反弹。你刚才所说的长效机制具体有哪些？

邹彦庭：首先，针对乱摆卖现象，街道开始实行城管和公安联合执法，既增加了威慑力，又解决了部门之间相互扯皮推诿的不足。第二是建立了费随事转的机制。原来我们想搞整治，比如说修补一条道路等等事情，街道手头上没钱，很难完成。建立了这个机制后，工作经费有了保障，我们很多想法也更容易实现了。第三是实施了网格化的管理手段，基层管理更精细化了。除了这三点以外，还有很多长效的机制，这是跟以往最大的不同。

另外，街道对于下水道的整治、对于各种管线的整治等，都可以维持好多年，短期内不用再投入人力和物力。

南方日报：本次整治的另一大收获是有助于提升街道的产业层次，在做这项工作之前，你们是否会想到会有这样的效果？

邹彦庭：根据广州市委主要领导的指导思想，希望我们能通过创建“干净、整洁、平安、有序”城区环境能够带动产业结构的提升。才开展了1年时间，我们街道就取得了立竿见影的效果，大大超出了我们的预料。

南方日报：对城中村进行整治后，一些产业园区租金得到了提升。但从另外一个角度来看，租金提升必然会减弱村级物业的价格优势，你们未来将通过什么手段，挽留这些企业呢？

邹彦庭：我们除了大力整治环境外，也非常注意对企业的服务，通过提高服务水平来留住企业。比如远洋新三板企业孵化基地，我们就引入了广发证券、万联证券、中信证券，设立了金融服务中心，专门为企业进行上市辅导。另外，我们还设立了工商税务服务中心。这个中心自进驻以来，已经为9家企业办理了公司设立/公司迁入的工商、税务登记相关手续。工商税务服务中心为园区企业开设绿色服务通道，减少了企业的相关投入，加快了办事流程，仅工商登记一项，每家企业平均可节约5－6个工作日的办证时间。

南方日报：接下来你们的工作重点是什么？

邹彦庭：棠下街将继续大力推进城乡环境的改善和工业厂区的转型升级，使环境整洁面貌、产业结构升级和居住人员优化等相互促进，相得益彰。

撰文：刘怀宇

第三篇章　用文化的心打造一座城市

文化强国是国家战略。习近平总书记指出，提高国家文化软实力，要努力展示中华文化独特魅力，要以人们喜闻乐见、具有广泛参与性的方式推广开来，把跨越时空、超越国度、富有永恒魅力、具有当代价值的文化精神弘扬起来，把继承传统优秀文化又弘扬时代精神、立足本国又面向世界的当代中国文化创新成果传播出去。

美国学者科特金在其著作《全球城市史》中有一个重要的论断：一座成功的城市必须具备三个要素，即神圣、安全、繁忙。城市发展到今天，环境质量成为“安全”的主要内涵，经济发达成为“繁忙”的主要内涵，而文化地位和影响力则逐渐成为“神圣”的主要内涵。岭南文化是中华文化的有机组成部分。作为享誉四海的历史文化名城，广州是岭南文化的重要承载地，也是传播中国优秀传统文化的主阵地。

文心雕城。城市的文化是一座城市发展前景的决定因素之一。百年老店、历史街区、文物遗址是承载岭南文化的重要载体空间，是城市实质环境的精华、多元文化的载体和独特魅力的源泉，其存在和整体质量直接影响到城市综合竞争力和城市居民生活满意度，是公共文化服务体系的重要组成部分。广州不缺少文化，缺少的是对历史文化地理空间、物质载体的挖掘和活化，缺少的是展现城市历史的舞台。换句话说，广州不能缺少“老城味”，不能跌入钢筋水泥的“陷阱”。

文化的影响力和竞争力是衡量一个城市文化软实力的重要指标。而一个城市文化的影响力，不仅取决于其内容是否具有独特魅力，而且取决于是否具有先进的传播手段和强大的传播能力。面对新技术、新媒体带来的传播格局之变，文化传播必须改变传统传播模式，通过融合传统主流媒体与新媒体的各自优势，线上报道与线下活动共同推进，让相对静态的城市文化流动起来，变得立体生动、易于传播、乐于接受。高品质的文化传播，离不开优秀文化人的激情参与。广州作为国际化大都市，集聚了一大批优秀的历史文化学者、名家，对众多文化资源、文化现象进行了深入研究。作为主流权威媒体，南方日报有必要搭建新的传播平台。

用文化的心打造一座城市，打造一座城市的文化核心。南方日报记者行走北京、南京、杭州、福州等历史文化名城，通过对全国知名文化城市文化核心区进行深入考察，遍访文化名家、学者，全面分析和解读文化核心区保护、规划、改造、建设的科学之道，以及盘活历史文化遗产对于一座城市发展的重要意义，旨在启迪广州文化核心保护、升级、活化之路，为重塑中国千年古城、世界文化名城品牌做出一份贡献。

一、北京路：商业繁华依旧　千年文化难觅

北京路位于广州市中心，北起广卫路，南到沿江中路，全长1500多米，是广州城建之始所在地，也是广州最繁华的商业集散地。漫步北京路，古道、遗址、百年老店与新兴商场交错，古街新貌，行人匆匆，千年城脉繁华依旧。

然而，很少人了解，北京路是岭南历史文化的集中地，也是广州建城2200多年（秦末汉初，公元前214年）以来从未改变的广州传统中轴线，全世界仅有罗马、亚历山大城和广州如此。这里汇聚了6个有千年以上历史的文物古迹，可称为“北京路六千年”。

在商业繁盛的同时，千年古道上不少历史瑰宝掩藏在繁华的喧嚣背后。这一期，通过与杭州南宋御街和南京老门东的改造比较，或者我们能寻觅到广州城市中心的历史文化复兴思路。

【现状】

千年城脉　繁盛如昔

历史的厚重和纵深，经济的活跃跳动，传统和现代的交织……北京路，一路贯古今，道不尽的故事，说不出的岭南情怀。

北京路自古以来是广州城一条具有官方色彩的中心街道。公元前204年南越王赵佗建国，其皇城就在北京路北段财厅前一带。从明清时期开始，北京路就逐渐发展成为全市最繁华的商贸中心，在民国后，北京路更是汇集了城中几大百货和著名食肆。

行街必提北京路

北京路商业步行街，是许多市民行街购物的首选，也是游客探寻广州千年商都文化的必去之处。

广州人爱行街，行街必提北京路。“作为广州最出名的商业街，北京路

各方面的开发都非常完善了，本地人、外地人周末都会在那碰头。”晓悦2015年25岁，从小就在广州长大，北京路是她和小伙伴相约的好去处。说起北京路的繁华，她如数家珍：“北京路有什么好看？千年古道、水阀旧址。不喜欢古物？没关系，各大戏院、桌游、KTV、密室逃脱也可以玩一天。如果这也不喜欢，广百、天河城、银座等各类品牌店占据整一条街，让你从早逛到晚”。

提起北京路，更多人想起的是北京路商业步行街，这里是许多市民行街购物的首选，也是游客探寻广州千年商都文化的必去之处。北京路商业步行街位于北京路中段，人声鼎沸，是人们所称“吃喝玩乐一条街”的中心所在。从南到北短短的距离内，却一下子把服饰店、饮食店等琳琅满目的商铺涵盖在内，可谓“五步一楼，十步一阁”，映入眼帘的商铺让人目不暇接。

骑楼廊下，各类品牌专卖店播着流行音乐，店员在门口招揽顾客，前去购物的人络绎不绝。各大餐厅外等候的人群排成长龙，人们在欢声笑语中翘首顾盼，仿佛想从外观和食客上寻找老字号的内涵。情侣们手牵着手走进电影院，想要在繁华嘈杂处找寻另一个异想世界。联合书店、新华书店等则为喧嚣平添了一分文雅，店里的人并不多，给了逛街逛累了的人带去一份清静。熙熙攘攘的行人中，不乏外国游客的身影。

千年古道和百年老店

“广州的北京路和上海的南京路、北京的王府井一样热闹，但除此以外还有一条举世无双的步行街千年古道!”此外还有“既能食出味，又能品出文化”的百年老店。

对于前来广州旅游的贺铭，更希望能看到城市的脉络。“广州的北京路和上海的南京路、北京的王府井一样热闹，但除此以外还有一条举世无双的步行街千年古道!”

在北京路步行街中心区，层层叠叠的古道吸引了众多游客的驻足。钢化玻璃下装了防水防雾灯，游客可以透过玻璃观赏到五个朝代的十一层古道，每一段古道都标识着其历史沿革。自唐代至民国，古道上的斑驳纹理将历史沧桑展现得淋漓尽致。一边在现代的商店里闲逛购物，一边参观文物古迹，这样的时空交错体验，估计只有在北京路才能体会得到。

除了千年古道，还有百年老店。北京路上的老字号一条街刚实行全日步行街管理，150 米的大道两旁，皇上皇、“香港大三元”等 19 家老字号都挂上了金字招牌。其中最出名的百年老店当属创于 1600 年、前身为陈李济杏合堂的“活化石”广州陈李济药厂，但如今陈李济已不再只是一间药厂，除申请获得全球最长寿药厂纪录外，在其创业旧址（现银座广场）四楼设立了“广药陈李济健康养生研究院”、“岭南中医药文化体验馆”和“陈李济中医门诊部”，更是作为岭南中医药文化象征的一张名片。

“老字号除了是怀旧情结，也是品质的象征。”陈皓认为，老字号有着丰富的内涵，其食物的制作流程展现了一个城市的文化，其产品养育了一方居民，其风味又是城市的代表作。“老字号既能食出味，又能品出文化”。

传统建筑记录不朽历史

北京路能诉说的不只是繁华，更应该作为历史沉淀的标志，仅有一条古道远远不能代表北京路所承载的记忆。

自广卫路入北京路之处，一幢气势宏伟的白色大楼让人不由屏息，大楼门顶部石匾书有“广东财政厅中华民国八年六月吉日”的字样，前身为明清两代的广东承宣布政使司，是朝廷派驻广东省的最高行政机构。仿罗马柱式巨柱、穹隆顶和门口的一对雄狮使其显得十分庄重肃穆，如守护神般坐镇于北京路。

在北京路上行走，还能见到路旁有匾额书写着娟秀的三个大字：“白沙居”。据说明代大儒陈白沙曾住于此巷半年，故有此巷名。由于当时对诗才儒学的推崇，陈白沙途经广州时引得万人空巷，富人更不惜为其一掷千金。

北京路大马站小巷前也立着金字的牌坊，上书“越秀书院街”五个大字。巷子里来往的人不多，周围骑楼已不复存在，巷口苍天大树的遮掩更是使其难以发觉。走进巷子，现代化的景象让人很难相信昔日这里曾经云集上百家书院。

在北京路步行街往南走，人群渐少，终端处便是宽广的珠江，风物宜人。此处是老广州中轴线与珠江的交汇之处，天字码头坐落于此。码头的门楼上挂着黑底金字的牌匾，带着几分威严，大门两侧镶有林则徐和孙中山的浮雕。如今的天字码头除了用于渡江外，最大的用途是旅游观光，珠江夜游的船只多在这里起航。

一位带着家人从美国回来的老华侨说，自己离家几十年，如今已年近70岁，虽知岁月变迁物是人非无法避免，却难舍对昔日旧街情怀。“北京路的文化不只是商业文化，不是保护那些老店就够了的。现在来北京路的人里，有几个知道‘双门底’？又有几个知道大小马站的由来？”他希望，北京路能诉说的不只是繁华，更应该作为历史沉淀的标志，仅有一条古道远远不能代表北京路所承载的记忆。“而这需要商业对传统让步，商业可以流动，但传统建筑记录着的是不朽的历史。”

陈皓坦言，北京路需要更为详细的旅游文化指引。“除了千年古道极为显眼，其他地方游客也是走马观花，可以增加多一些文化古物的简介，最好能配备公益的讲解员，这样才能在观赏中品味城市内涵。”

【历史】

古道浓缩不朽记忆

走在北京路，总能感到城市中心的脉搏。这条政治地图上的官道，不知有多少王侯将相、达官显贵在这里粉墨登场。

在这里见证广州的过去

千年古道再一次证明，北京路和广州一样古老，广州城的历史，仿佛都可以浓缩在这条马路之中。

北京路北起广卫路财厅，南至沿江中路的天字码头，全长1500多米。现在的北京路北至中段早已开发成步行街，到处尽是现代的商贸街区，每逢周末更是人头攒动，繁华是这里不变的主题。

与玻璃相隔，沿着十一层、层层叠叠的古道（始于唐代至民国年间）走上一段，才能触碰到历史的斑驳。千年古道再一次证明，北京路和广州一样古老，广州城的历史，仿佛都可以浓缩在这条马路之中。

在省财厅旁，以前的儿童公园旧址被改建成南越王宫署遗址，装修完毕后成为南越王宫博物馆在2014年底对外开放。这座博物馆可谓是岭南地区政治、经济、文化中心地的历史见证。

据博物馆导游介绍，自1995年至今，南越王宫署遗址先后发现有秦汉时期南越国的宫殿和宫墙、我国目前考古发现年代最早的宫苑实例——南越国宫苑遗迹；五代十国时期南汉国的宫殿和池苑遗迹，证实1000年前的南汉国宫城正在此处；自秦汉至民国13个历史时期的文化遗存，如同一部无字的编年史书，见证了广州城建2000多年发展的历程以及500多口材质构造多是多样的历代水井。

走在北京路，总能感到城市中心的脉搏。作为城建之始所在，北京路古往今来被附上官方的色彩，官办机构遍布周边。这条政治地图上的官道，不知有多少王侯将相、达官显贵在这里粉墨登场。有一说法，官员们从官署出来，都是沿着北京路走到南门或珠江边，场景好不威风。

北京路南段的天字码头，最早是在清初形成的。这个码头只供官员使用，民船不得在此停泊。过去官员南来广州者，大多顺江而下，在天字码头登岸，接受当地官员奉迎，下船后到此接官亭小憩，稍驱除水陆劳顿，然后再沿街北上，到达广州府衙。

数易其名不改兴盛

广州人一直把北京路中段称为“双门底”，辛亥革命后北京路易名“汉民路”，后来在20世纪20年代又改名“永汉路”。

北京路原名“双门底”，历史可以追溯到宋代。宋淳四年（1244年），把“双阙”大规模改建，建成后楼长十丈四尺、深四丈四尺、高三丈二尺，上为楼，下为两个并列的大门，故俗称为“双门”，广州人一直把北京路中段称“双门底”。

辛亥革命后北京路易名“汉民路”，为的是纪念缔造民国的元勋、番禺人胡汉民，后来在20世纪20年代又改名“永汉路”。1936年，主粤的陈济棠与胡汉民的关系特别密切，于胡汉民1936年5月去世后，又把“永汉路”改名“汉民路”，以纪念这位国民党元老。1945年，汉民路又复名永汉路。至1966年后，这条路又改名为“北京路”，并沿用至今。

旧时的北京路上商店林立，经营业务与现在步行街差不多，多是百货和零售，个别的商铺更是从清朝延续至今。一大批创建于明清时期的“老字号”在北京路开始辉煌的商业历史，也见证着这处商脉的变迁。在北京路步行街的各个角落，现在依旧可以看到古旧的名牌，卖药的陈李济、卖钟表的李占记……

【思路】

文化是北京路的根脉

与其他商业街不同，北京路很重要的一点在于它的文化，历史底蕴非常深厚丰富。

历史文化是北京路的灵魂

有一种说法，北京路是广州的文化之心，广州的传统中轴线，广州或是岭南文化都可以在这里得到集中体现。“相比起商业，文化才是北京路的根脉所在。”

北京路文化核心区管委会副主任李延忠表示，北京路不是普通的商业街，虽然从商业来讲，它属于广州11个都市商圈之一，是广州城的名片。与其他商业街的不同，很重要的一点在于它的文化，历史底蕴非常深厚丰富。

北京路是广州建城2200多年（秦末汉初，公元前214年）以来从未改变的广州传统中轴线，全世界仅有罗马、亚历山大城和广州如此。北京路步行街历史遗珍遍地，文化底蕴深厚，是广州历史文化遗址遗迹最为密集的区域。这里汇聚了6个有千年以上历史的文物古迹，可称为“北京路六千年”。它们分别是北京路千年古道遗址、千年古楼遗址、南越王千年公署遗址、西汉千年水闸遗址、秦代千年造船工场遗址和千年古寺大佛寺。

从另一个维度来看，这是一条不折不扣的文化商业街，“文化”二字放在第一位。也有一种说法，北京路是广州的文化之心，广州的传统中轴线，广州或是岭南文化都可以在这里得到集中体现。“相比起商业，文化才是北京路的根脉所在。”他直言道。

李延忠透露，越秀区政府现正依托该区域深厚的历史文化积淀，进行全面的梳理和提升，在已申报国家历史文化街区的基础之上，拟将以北京路为核心的该区域申报建设成为国家4A级旅游景区，日后建设成为国家5A级旅游景区。

整合资源需发挥机制创新

北京路文化核心区建设中还存在不少困难和问题，主要有：公有物业整合水平较低，文商旅融合的力度还不够大；项目谋划多、落地少，总体进度较慢，目标管理责任制和统筹协调机制有待进一步深化等。

李延忠表示，尽管北京路的遗址遗迹数量庞大，但非常分散，散落在中轴线的周边，缺乏统一的策划、包装和宣传，也缺乏统一的管理。“这些文化遗产遗迹怎么整合、怎么包装的，力度不足，基本还处于初级阶段。”他认为，对于历史文化街区，首先是投资文化，其次才是商业配套。但目前，则是本末倒置，商业为主，文化为辅。“政府在这方面理清思路，明确文化先行的方向，那么落点就是看政府如何整合。”

据了解，北京路文化核心区建设中还存在不少困难和问题，主要有：公有物业整合水平较低，文商旅融合的力度还不够大，业态转型升级的步伐亟待加快；大小马站书院街等项目建设资金投入大、征收安置难度高，仅凭区财力无法独立完成项目建设；核心区可供改造的空间载体十分有限，旧城更新改造政策支持力度不足；项目谋划多、落地少，总体进度较慢，目标管理责任制和统筹协调机制有待进一步深化，等等。

更为麻烦的是，北京路主线公有物业占了七成，这些物业转了几手，层层外包出租。有的建筑业主属于省市单位；有的则是业主委托第三方机构管理。例如青宫在卖衣服卖食品，永汉电影院也是卖食品，各自为政，多头管理，没有形成统一的文化氛围，还是处在初级的商业出租层面。“如何把碎片化粘合成整体，利益共享，需要市一级来支持。”有越秀区政府人士坦言，期望通过机制创新，令公有单位出租物业给区一级，变更使用主体，由区一级全面统筹规划。

李延忠说，这种创新包括争取将核心区市、区各类低效、闲置的公有物业（包括但不限于市、区以及国有企业所拥有的物业）通过功能置换、产权置换、统一管理等途径和方式进行“二次开发”。还有，争取市支持盘活不同权属的现有住宅资源、支持历史建筑的盘活利用、支持盘活闲置地和烂尾地及烂尾楼，为区域发展总部经济、楼宇经济拓展空间载体。

另一方面，管委会也通过创建4A景区把这些散落在主轴线各处的历史遗址遗迹以及景点粘合成一个整体，突出文化主体地位，然后通过改造提升周边环境，完善配套。他向记者描绘未来的蓝图：公有物业业主单位就要围绕文化主体来转型，服从街区统筹。首先，文化的基本功能要恢复，比如青宫，永汉电影院都是文化功能区。第二，北京路输入的业态要通过政府和企业配合，围绕文化主体、4A 景区的打造以提升。例如，在青宫楼下计划打造广府博览体验功能区，不能再卖衣服和小商品，借助视频和声光电展示广府文化、南方风情、岭南非遗，甚至还可以引入非遗现场制作、销售，把青宫楼下改造成高端消费型的文化综合体。

杭州

南宋御街·中山路：

打造“中国生活品质第一街”

中山路是杭州城内历史渊源最深厚、历史地位最突出的一条历史文化名街，旧时曾是南宋御街，为当年南宋临安城的中轴线和皇帝出行、祭祖的专用道路。彼时路上商贾众多，店铺林立，交通发达，也是最为繁华的商业街区。

如今，中山路仍是繁华的商业街区，集吃住行游购娱于一体。然而，历史与未来、传统与现代又在这里奇妙融合。游客可以找寻南宋都城的历史遗迹，可以感受老杭州的市井生活，还能体验到创意的街头艺术。

【现状】

古朴建筑与商业气息共存

香糕砖、青石板、青灰色，南宋御街独具特色的古朴韵味，都能在中山中路的建筑元素中得以呈现。尤为引人注目的是街上宽窄不一、深浅不一的水渠，渠内鱼游浅底，朵朵荷花点缀其中，再现了昔日杭州“路河相融”的历史风貌。游客可以乘坐具有“南宋 style”的电瓶车，参观反映南宋及明清等不同时期风貌的历史建筑、遗址和景点。

城市主题雕塑也是中山路的一大特色，最为夺人眼球的当数“四世同堂”雕塑，为一家人拍全家福的场景。雕塑原型为中山路上的一户汪姓居民。家中最年长的老人 2015 年已有 87 岁高龄，从小便住在中山路的行宫前（现在的惠民路）西府局，家里经营过当时杭州城 3 大绸布庄之一的元泰绸布庄。如今，汪家已有 32 名成员，大部分还住在中山路一带。

欣赏完历史风貌和老杭州人的风采，中山路的核心区块——南宋御街·中山路步行街将给旅客带来现代商业的体验。步行街南起鼓楼，北至西湖大道。其中，西湖大道至惠民路为“金”典财富老街，设珠宝、首饰、名家珍品、娱乐天地等业态。惠民路至高银街为时尚新领地，运动休闲服饰、流行饰品等均有售卖。高银街至鼓楼段则是现代商业的展示台，配置中外精品、国际产品体验馆、西式餐饮等业态。

目前，南宋御街（鼓楼至西湖大道步行街）已形成珠宝黄金、酒店业、咖啡休闲餐饮类为主，服饰、艺术品、品牌零售为副的“三主多副”的业态格局的业态，入驻营业的商家达100余家，总经营面积达6万平米，成为集杭州独特文化和历史内涵、商业服务、休闲观光、生活居住为一体的品质生活街。

【改造】

综合保护促进有机更新

南宋御街的升级改造源于中山路综保工程，这是杭州市政府保护历史文化名城，推进“城市有机更新”的一项重要工程。

同时，通过业态调整、建筑综保、道路横断面调整、道路交叉口渠化、港湾式公交站设置、绿化景观提升等手段再造中山路。比如，通过引入水系，以及街、坊、巷的综合保护与有机更新，以恢复老杭州记忆和再现江南水乡的景象；通过引进公共艺术长廊，用公共艺术特有的方式，再现中山路的历史风韵和市井生活；通过业态调整、旅游策划，再现杭州悠久的历史文化；通过地下过街设施的建设，结合南宋御街考古挖掘，再现中山路南宋时的风貌。

经过近两年时间的建设打造，2009年9月30日，南宋御街·中山路精彩开街。升级改造后，老年人可以在这里追忆历史，青年人在这里体验时尚，外国人在这里感受中国，中国人在这里品味世界。

【经验】

打好“文化牌”　注重业态提升

在没有进行升级改造前，中山路曾面临这样的困境：“产业结构老化，商业价值整体衰落，业态资源流失严重。历史风貌和地方性特征破坏明显，特色渐失。基础设施配套不完善，市政基础设施陈旧，市政管网亟待扩容更新，街道环境承载压力较大，景观绿地配置不足，交通系统严重老化，生活在中山路两侧的一些老百姓住在人均只有几平方米的危旧房里，整天过着倒马桶的日子”。

历史文化是南宋御街最突出的特征，如何打好这张“文化牌”？综保工程对南宋御街的老字号文化、中医药文化、民俗文化、节庆文化等等进行深层次的挖掘，让“外国人体验中国生活，中国人品味国际风情”。同时进行环境提升，逐步完善街区硬件设施，改造更新街区工艺亭、更新提升街区的标识标牌、电子触摸屏、完善街区消防联网和监控系统。

业态提升也是南宋御街升级改造的重要一环，规划后的业态注重市民和游客的需求，体现生活导向，开发涵盖吃、住、行、游、购、娱等要素的多样化、大众化、特色化产品和服务，对业态布局进行合理调控，形成差异化的业态定位。比如引优逐劣，引进国际连锁品牌哈根达斯、万宁、costa 咖啡、满记甜品、DQ，老凤祥、佐卡伊钻石等高品质商家。

南京　老门东：

历史文化体验综合街区

老门东，是南京老城南地区的古地名，位于南京夫子庙箍桶巷南侧一带。这块占地约6.9 平方公里饱经沧桑的历史街区，是古城金陵历史最悠久、文化积淀最深厚的地区之一。

这条街区内现在陆续入驻了不少好吃好玩的丰富内容。虽然加入了商业气息，但整体上还是有浓郁的老城南感觉。而目前全球最大常态化运营的老门东 3D 建筑立体投影秀项目，作为历史街区的一大创新常设展项，更将成为老门东景区亮点之一。

【现状】

历史街区焕发往日光彩

老门东历史文化街区在 2013 年国庆开放，当年即引爆旅游市场，风头一时无两。人们穿过“老门东”牌坊，就走进老城南传统民居生活，一条条老街巷让人感受老城南风貌。“老门东”牌坊高 17 米，梁柱和坊额上以干挂工艺敷设精美石雕，石雕由福建惠安石刻艺人设计雕琢，石雕画面有琴棋书画、梅兰竹菊、玉如意等，牌坊基座上的抱鼓石也敷设了精美的石刻云纹。

这条街区内现在陆续入驻了不少好吃好玩的丰富内容。虽然加入了商业气息，但是整体上还是有浓郁的老城南感觉，勾起了不少南京人小时候的回忆，也让外地游客近距离领略南京民俗文化。沿箍桶巷向南而行，长长的青石板路，高高的马头墙，古旧的木门与铜栓，三条营、边营，这些写满沧桑的老街木楼，纹理清晰地展现眼前。据介绍，门东地区自古就是南京商贾云集、人文荟萃之地，富可敌国的沈万三、拥有九十九间半的蒋百万、中国唯一的女状元傅善祥等南京人耳熟能详的历史人物，都在这里留有印记。与夫子庙相比，这里保留了更多的明清风貌和特色。有金陵首富蒋百万和中国第一个女状元傅善祥的故居，以及金陵美术馆和城南博物馆，人文氛围相当浓郁。

老门东历史文化街区，街上的小吃店已陆续开张，蒋有记锅贴、蓝老大糖粥藕、徐家鸭子、鸡鸣汤包等都是老字号。除了传统特色饮食以外，这里还引进一些实实在在的非物质文化遗产，比如金陵刻经，南京白局，还有箍桶这样虽然不是非遗、但别处确实看不到的东西，此外手制风筝、布画、竹刻、剪纸、提线木偶一类民俗工艺，虽够不上非遗，也是城市中人感兴趣的东西，当然还有德云社的京外首家分社。

值得关注的是，老门东3D建筑立体投影秀作为历史街区的一大创新常设展项，将成为老门东景区亮点之一，这个是目前全球最大常态化运营的3D建筑投影秀项目。3D主影片以3D互动、光影变幻展现老城南的历史积淀和保护复兴。

【改造】

保护优先重现古都生活

老门东，是南京老城南地区的古地名，位于南京夫子庙箍桶巷和剪子巷的交叉处。如今的老门东保护区东到江宁路，西到中华门城堡段的内秦淮河，北到马道街，南到明城墙。历史上的老城南是南京商业及居住最发达的地区，按照传统样式复建传统中式木质建筑、马头墙，再现老城南原貌。

南京贵为六朝古都，有着悠久的文化、历史，如今，在南京留存较多的就是明末清初和民国时期的建筑。几乎每个老宅子都有一段故事，首要的就是原汁原味地保留下来。在老门东项目推进中，“整体保护，有机更新”一直是南京市政府强调的重中之重。事实上，就保护门东旧貌是否必须迁出住地居民而言，早在拆迁之际就一直饱受质疑，多方协调后，住地市民还是给予了支持。后来，老门东很多迁出去的居民回来寻找记忆，也是连声赞叹。

以蒋百万故居为例，拆迁之前，这座 7 进院落的古宅里，住着 47 户人家，不仅楼阁破败不堪，而且很多地方已经被私自改造成水泥石板、并搭建了新的墙砖阁楼。如果不及时抢救修缮，这座名闻遐迩的老宅早就面目全非了，所幸借助改造的机遇，蒋百万故居较为完整地保护下来。

集中体现南京老城南民居街巷、市井传统风貌的老门东，正式被“圈地”保护。“青砖小瓦马头墙，回廊挂落花格窗”，悠长久远的往事，彷现眼前。地名美食都因饱含记忆变得更有味道，因为记忆里蕴含着情感。城市也是如此，门东这样的古老之地能够唤醒南京人的历史记忆。

【经验】

坚持文化传承　保持市井原真

据介绍，门东历史文化街区位于南京夫子庙箍桶巷南侧一带，老门东是南京老城南地区的老地名，历史上的老城南是南京商业及居住最发达的地区，如今按照传统样式复建传统中式木质建筑、马头墙，集中展示传统文化，再现老城南原貌。门东历史文化街区建设包括蒋百万故居、C2 地块、D4 地块、三条营、箍桶巷步行街区、明城墙内侧江宁路至张家衙段等，占地面积约 15 万平方米，总投资约 50 亿元。

老门东的“秘诀”首先是，坚持先行规划、科学设计。其次，坚持文化传承、活化利用。门东历史文化街区以恢复传统街巷肌理为街区“骨架”，通过箍桶巷主街为中轴，两侧支巷不断延伸并构成串联，逐步恢复历史上门东的居住格局，同时根据区域内修缮、修建、复建的建设等级，选用老旧材料构件、传统工艺进行修缮，保持老民居的原真性。记者了解到，以蒋百万故居为例，拆迁之前，这座 7 进院落的古宅里，住着 47 户人家，不仅楼阁破败不堪，而且很多地方已经被私自改造成水泥石板、并搭建了新的墙砖阁楼。另外，坚持国资为主、市场运作也是重要因素。

记者观察

“复兴”古道　从买卖商品到消费文化

来到广州，游客知道逛街要到北京路，买东西首选北京路；但是，谁又能说出广州的历史文化街其实也是北京路。历史文化始于足下，却“鲜为人知”，是北京路不得不面对的尴尬。伴随城市的变迁，北京路的景致几乎是三年一变，现代商业的崛起，历史文化保护和利用原地踏步，文化被商业掩盖，“寂寞”得让人唏嘘。

从清末民初至今，北京路经历了社会历史的巨大变迁。作为旧广州的城市中心，这里的一街一巷、一草一木、一砖一瓦都沉淀了广州的历史，浓缩了老广的生活气息。据统计，北京路文化核心区历史古迹丰富，拥有全国重点文保单位16个25处，占全市的55%；省级重点文保单位14个16处，占全市的34%；省级非物质文化遗产6项，占全市的8%，市级非物质文化遗产8项，占全市的13%。但这些文保单位或被藏于深闺，或是分散于主干道沿线闲置，或是被出租变成餐饮、零售的商场。

现在的北京路，遍地尽是高价的商业广场，款式多样的百货大楼，多元文化的消费娱乐场所，与之相比，厚重的历史文化脉搏却越来越难觅踪影。如果说起北京路的著名地标，光明广场、广百新翼、天河城百货大厦往往能脱口而出，但又有多少人记得禺山市、书院街这些旧时的地名。

有个有趣的细节，银座广场在北京路小有名气，因为它楼上既有服装销售亦有特色餐饮，早前还有一家免费提供雪糕的书店。不过，很少人知悉，其实银座大楼的前身是陈李济药房的旧址，陈李济的招牌名义上还在挂在楼上，但事实已被“高大”、“新潮”的现代霓虹灯广告所湮没。冯巨淳老先生生动地打了个比方：如果说北京路的商业是显而易见的黄金，那么以北京路为中心的历史文化遗产则是有待挖掘的“矿藏”。而后者才是岭南文化根脉之所在。

富有岭南风情北京路，是一条不折不扣的千年古道，从古到今都是黄金宝地的她所蕴含的经济价值无可估量。相比起经济数据的汹涌澎湃，北京路街头巷尾所“埋藏”的历史文化亟待复兴。岭南得风气之先，商业精神无需赘语，历史文化复兴不是要“推翻”商业街开发，更不是任由市场自由配置，而是实现全局统筹，商业和文化的融合引领。从某个层面分析，就是从单纯的日用品、快消品、食品买卖转变为文化主导的历史文化综合消费，从单一的销售方式走向多元、高端的“打包”体验业态。要实现上述转变，就要求地方政府要有所作为，政府层面要在体制机制和资源配置两方面作出“双轨”保障。

二、小马站书院：老街经风雨　保护等不起

广州大小马站书院群，福州三坊七巷。同样中兴于清朝，同为南派民居的代表，同处城市繁华中心，由于保护力度的不同，如今却呈现出不同的面貌。一个仍被“72 家房客”占住，一个却已成为闻名全国的文化名片。

南方日报记者实地走访广州大小马站书院群及福州三坊七巷，并对两者的保护开发进行全方位比较。从广州镬耳墙和福州马鞍墙的对话中，我们不仅读到历史的厚重、文化的珍贵，更读懂保护和活化中蕴藏的巨大能量。

撰文：詹鹏飞

广州大小马站书院：破败不堪谁来修？

现状：旧杂乱藏民居

小马站的濂溪书院又名周家祠，是《爱莲说》作者周敦颐后人所建。记者日前推门而入，一群街坊正在院子里有说有笑地打麻将，院子里晾衣服的绳子竹竿随处可见。

繁华喧闹的西湖路旁有条小巷叫流水井，巷口便是广州规划中的大小马站古书院群正门。穿门而入，现代化城市的繁华和喧闹戛然而止，眼前的是一条麻石板铺成的窄巷，巷子两旁是破旧的民房，墙壁和楼宇之间拉扯着杂乱的电线。如果不是巷口石板书有“广州书院文化街”，难以想象经历数百年风雨的古书院群便藏身于这里。

如今，现存的古书院只有 6 间，距今皆超过 100 年，大多成了民房。其中，小马站西侧存有曾家祠（现为叶剑英商议讨逆旧址）、濂溪书院和见大书院等 3 间。流水井两侧也存有 3 间，西侧有何家祠、考亭书院，东侧有冠英家塾。而曾经拥有 10 多家书院的大马站已经被拆，路面上架起了施工铁架，并在与小马站之间竖起了施工围蔽墙。

位于流水井 29 号的庐江书院（又叫何家祠道）是大小马站书院群中唯

一保存较为完好的古书院。2014 年 10 年，庐江书院已经完成主体建筑的修葺。如今，这座始建于清嘉庆年间的书院焕然一新，青砖围墙，黑漆木门显得古朴又庄肃。

除了庐江书院，其余仅存的5 间书院大多破败不堪。其中，流水井35 号的考亭书院是宋代理学家朱熹清代的后人修建宗祠书院。书院历经风雨，屋窗漆色斑驳，外墙多有脱落，院内地面青石板长满了青苔，厢房屋舍被一间间的分割开来。

小马站的濂溪书院又名周家祠，是《爱莲说》作者周敦颐后人所建。记者日前推门而入，一群街坊正在院子里有说有笑的打麻将，院子里晾衣服的绳子竹竿随处可见。记者了解到，居住在此的房客大都是后来迁入，并不是周家后人，而对于书院的来历也大都不甚清楚。

历史：书院云集见证文化名城

经历百年沧桑，官办书院除番禺学宫因办农讲所而得以保留外，其他不少书院已荡然无存。而数百家宗族祠书院，至今仅存大、小马站和流水井那几所古书院了。

大小马站与流水井周边形成的古书院群始建于清初。据《广州越秀古书院》记载，清代广州书院在数量上居全国之首，大小马站周边一度云集了当时两省（广东、广西）3 个学宫、5 所省级书院、一所府级书院、两所县级书院以及大量民间宗族书院，还有3 条书坊街。

清初的广州，科举考试进入繁荣时期。然经创办粤秀书院、雍正设官办省会书院，调整书院政策，到乾隆朝积极推动官员兴办书院，在康雍乾盛世背景下，先后创办越华书院（省级）、羊城书院（府级）、禺山书院（县级）和西湖书院（县级），逐渐形成一个以粤秀书院为龙头的庞大教育群体。其后，道光，同治年间创办的学海堂、菊坡精舍和应元书院，更将广东省发展到顶峰。

除了官办书院，还有不少宗族书院。1718 年周氏族人在小马站捐建濂溪书院（周家祠）起的近200 年间，围绕官办书院约3 平方公里的范围内，数百间宗祠书院拔地而起。

然而，在经历二十世纪百年沧桑，官办书院除番禺学宫因办农讲所而得以保留外，这些官办书院亦荡然无存了。而数百家宗族祠书院，也因城市日新月异的建设，至今仅存大、小马站和流水井那几所古书院了。就是这几所宗族祠书院，目睹清代广州文化教育从衰转盛乃至辉煌灿烂的全过程，作为广州历史文化名城一个时代的见证。

规划：重塑“书院街”遭遇资金困境

在过去的10多年里，社会各界对保护大小马站书院群的呼声一直没有停过。“但现在看，仅靠一个区的财力是无法实现的”。

2013年3月份，由越秀区主导的《广州市大小马站书院群保护与更新规划》正式公布和实施。根据规划，大小马站书院群定位为“广府文化书院街”，规划范围北起中山五路，南抵西湖路，西临教育路，东至大马路站，总面积为5.46公顷。

规划提出，大小马站书院群将合族祠书院、其他历史遗存、新建筑群与省非遗中心在空间上、功能上充分融合，以书院文化为核心，兼顾非遗展示，适度注入文化展示、商业旅游等功能，使其成为北京路文化核心区的一处亮点。

“小马站及流水井现存古书院将原地保存和修缮，重现当年历史风貌，而大马站被拆除的书院也将在规划区域内复建。”广州北京路文化核心区管委会专职副主任李延忠告诉记者，规划范围内的药洲遗址、南方剧院以及古树名木等历史遗迹和历史环境要素也将得到保护，使整个片区与书院街的街巷空间相衔接。

据了解，大小马站书院群保护与更新项目已纳入广州市未来5年重点发展项目。2015年8月份，越秀区公布了相关拆迁安置补偿方案，有货币补偿和房屋产权调换两种方式供居民选择。目前，庐江书院及其周边70多户居民拆迁安置工作已经完成，大多居民原则房屋产权调换方式，在珠江街获得新的安置房。

然而，就在项目稳步推进的时候，广州北京路文化核心区管委会副主任李延忠却面露忧郁。“我们原本设想7年就完成整个项目，其中4到5年时间回收土地和拆迁，2到3年时间安置和建设。但现在看来根本不可能。”李延忠说，整个项目完成下来资金投入预计在50亿元左右，其中一半都要花费在规划区域内的土地回收、房屋拆迁及居民安置上，“但现在看，仅靠一个区的财力是无法实现的”。

福州三坊七巷：

美丽绽放成名片

现状：古巷繁华重现游客众多

“谁知五柳孤松客，却住三坊七巷间。”如果去福州游玩，最不该错过的地方便是三坊七巷，这里是福州市的城市名片，也是中国是十大历史文化名街之一。2015 年元旦小长假期间，三坊七巷景区日均接待游客量破 8 万人。

三坊七巷地处福州市中心，总占地面积近 43 公顷，基本保留了唐宋的坊巷格局，保存较好的明清古建筑计 159 座，其中包括全国重点保护单位 9 处，省级文物保护单位 8 处，被誉为“明清建筑博物馆”、“城市里坊制度的活化石”。在福州人眼中，三坊七巷还是古老民俗文化的大观园。

走进三坊七巷，攒动的人头，古老的街巷，完整的坊里，配以古河道、古桥梁、古榕树，形成了古朴而富有特色的传统风貌。而早在明清时期就聚集成市的传统古玩书画工艺店铺依旧人气颇旺，百年老字号食品药品店顾客盈门，星巴克、麦当劳等新店铺在历经沧桑的老街古宅中则显出一派烂漫天真。

福州市旅游局给出的数字显示，2015 年元旦小长假期间，三坊七巷景区日均接待游客量破 8 万人。三坊七巷的重现，不但增加了当地人的自豪感与认同感，吸引着各方游客，还让牛角梳、寿山石刻、微雕、南少林等福建的非物质文化遗产有了“栖息地”和展示的舞台，更让漂泊异乡的游子从此有了一个可以指认的故乡。

改造：持续 9 年资金投入近 40 亿

如今，看着整洁美丽的坊巷内手工艺人雕刻时专注的眼神、游客脸上洋溢着欣喜的笑容，很难想象 9 年前这里还是一派电线杂乱交错，建筑墙体腐蚀脱落，石板路坑洼起伏的景象。

2005 年，福州市政府从开发商手中收回三坊七巷。2006 年，三坊七巷启动改造工程。2006 年，福州市以市长令的方式公布了分别由同济大学、清华大学教授“主刀”的《三坊七巷保护修复规划》、《三坊七巷文化遗产保护规划》，同一个街区因此罕见地有了两道“保护令”。

在福建省建设厅督促下，福州市有关方面首先摸底三坊七巷住户情况，测算地块拆迁安置补偿费，并对区域内历史建筑进行普查与评价，进而对三坊七巷内 36 个机关事业单位，45 家工厂，15000 人的居民进行动迁。

随后，三坊七巷开始重点修复和完善了塔巷、郎官巷、严复故居及水榭戏台等地标性古巷古建筑，并在不破坏原有建筑基础上对三坊七巷道路、电线、排水系统等基础设施进行改造。2011 年 3 月起三坊七巷逐渐开放面世，并不断引入各种文化元素、文化活动，不断融入，三坊七巷渐成福州市最具影响力的文化活动区域，最具活力的文化创意展示区和集中区。

另外，在广州大小马站书院的改造还在受困于资金短缺的时候，三坊七巷改造资金投入已接近 40 亿元（不包括前期土地回收费用）。目前，三坊七巷的保护修复及开发还在继续。就在文儒坊金斗桥，考古工作还在继续。利用发掘出的从唐坊宋街直到明清近代的建筑遗址，这里将打造一座考古遗址博物馆。

经验：建筑保护和文化传承并重

专家参与、政府主导的专业性修复，确保了三坊七巷的原汁原味。同时，保护修复之后，文化价值及旅游集聚作用得到了最大程度的呈现，旅游、商业有序进驻，实现了经济效益和社会效益的兼顾并行。

在改造和保护过程中，三坊七巷按照核心保护区和建设控制区分类修复。其中，核心保护区以保护为主，省保单位以上的旧居基本腾空，用来建中国第一个社区博物馆、名人故居等；控制区内则对破坏比较严重的建筑，按照街区统一风格重建，招租文化商户。

居民安迁是三坊七巷改造过程中的一大亮点。三坊七巷将居民将分类安置，对于名人名居，可能修缮为博物馆、供游人参观的，政府有意将其回收，动员居民迁出；普通民居居民原地安置，逐步修缮。

另外，在“只出不进”的原则下，对不满居住旧房的居民也给予迁出安置。原先 3800 多户在此居住的老百姓大多数外迁至新城已经建好的安置房。这种建好安置楼再迁居民的模式，如今成为福州市修复上下杭、烟台山历史街区的模板。

现在，三坊七巷正全力以赴建设全国首个社区博物馆，包括“一个中心展馆、37 个专题馆、24 个展示点”。建成之后，三坊七巷将成为全国博物馆最集中的地方，将极大提升三坊七巷在全国的文化知名度，增强发展文化产业的竞争力。

记者手记

文化保护不能只算经济账

大小马站书院群保护和改造吵吵闹闹已逾 10 年。在这 10 年里，三坊七巷成为了福州市的历史文化核心区域，一跃成为中国十大历史文化名街之一，而大小马站的古建筑却越来越少，仅存的书院也大都破败不堪，令人唏嘘。

大小马站书院群的改造进展缓慢，踟蹰不前，资金不足是改造过程中遇到的最大难题。据了解，在寸土寸金的广州市中心，大小马站书院改造过程中的土地回收及拆迁安置的费用就可能超过 20 亿元，而整个项目的改造费用预计在 50 亿元左右。

资金吃紧也曾让北京路管委会考虑将大小马站书院的改造项目全盘交予开发商。事实上，2005 年前福州市也曾由于同样的困境将三坊七巷的改造交予开发商。然而开发商追求的是经济利益的最大化，以此为目的开发对三坊七巷的古建筑和传统风貌造成了极大的破坏，直接导致了三坊七巷在地理上变成了“两坊五巷”。所以，大小马站书院群的改造应吸取三坊七巷的教训，必须坚持政府为主导。

笔者注意到，大小马站书院群规划区域内的保护对象除了书院建筑之外，还有不少传统民居建筑。对此，广州可以借鉴三坊七巷改造中的拆迁安置办法，在一定程度上能够降低土地回收及降低拆迁安置上的费用。

有分析认为，大小马站书院群的改造可以借助广州市的财政支持，但考虑到文化项目投入大又不能在短期内带来经济效益，所以政府在财政使用上会再三斟酌。值得一提的是，当年，福州市在全口径财政收入只有 150 亿元的情况下，决定投入 50 亿元对三坊七巷进行改造。

历史街区和历史建筑的保护活化不能只算经济账。大小马站书院群不仅是文物建筑遗迹，更是一个沉淀着广州城市人文及城市性格的文化符号，它是现在和将来广州城市文化竞争力的一个重要筹码。

笔者了解到，从2015年开始，三坊七巷已不再需要政府来“输血”，依靠着店铺出租、地产升值、旅游收入、文化产品开发等便可实现了“自给自足”，甚至创造更大的经济效益。大小马站书院群等历史文化建筑保护好了，不仅可以提升广州的城市竞争力，也将为广州带来应有的经济效益。

■上期回响@ 北京路

永邦：并非无历史文化遗风，只是被过速的改造遮盖了亮点。散落民间的回忆，最能体现粤味的“实在”。若要翻寻，可来一次有规模的档案征集，相信绝非乏善可陈。

以南：在北京出差，觉得南锣鼓巷做得不错，人气超旺，又有京味，北京路上下九与之相比真有差距。赶脚越秀搞书院街，搞“微博”（微型博物馆）要是没有创意就活不起来，芒福德的四化之一就是让朽物化为活生生的形态。

雪过天晴：如何在保存传统文化和发展现代化之间找到一个平衡点一直是城市发展的难题。欧洲城市整体保存，虽能完整保存传统文化，但也使城市显得缺乏活力。美国城市讲求现代化，即使是古建筑的修葺也是“修旧如新”。广州老城区遍布各类批发市场，这些地方千百年来也一直是各类贸易活动场所，比如十三行、文化公园等。如果让这些低层次的批发市场转型升级，关键就在于如何挖掘其背后的文化内涵。(曾妮整理)

三、高第街：南街北巷：文商并行路自宽

广州高第街位于广州内城之南（罗城内），毗邻玉带濠。宋代以降，得益于玉带濠内联六脉水渠、外通珠江航道的便利交通，高第街一带逐渐成为广州城商业繁华之地。

乾嘉之际，许氏家族从澄海迁来，繁衍生息，近代成为横跨政、商、学三界的广州大族。20世纪80年代，高第街成为全国第一条经营服装的个体户集贸市场，吸引国内外眼光，风光一时无两。

商业的力量在此延续，人文历史在此沉淀。这是高第街最令人忘怀之处。今日高第街成为"内衣一条街"，昔日名人故居的风华难觅。《文心雕城》这一期，通过与北京南锣鼓巷的更新升级比较，或者可以为高第街找到打造历史文化名城新名片的思路。

策划：姜玉龙　谭亦芳　曾妮　统筹：曾妮　撰文：马喜生

高第街：显赫家族，荣耀古今

今日：成为服装批发一条街

"没到过高第街就不算是到过广州。"高第街商会会长李汉标说，这句30年前的老话知音越来越少了。

广州市高第街全长578米，宽6至8米。1978年，实施改革开放政策之后，高第街两旁摆起了档口做起了"地摊档"的生意。巅峰时期，高第街从早上10时就挤得水泄不通。

由于空间限制，街上商业慢慢进行分流，童装市场进入了中山八路，皮革市场进入了梓元岗，服装市场进入了三元里、流花市场。如今走在高第街上，映入眼帘的是市民通俗所称的"内衣一条街"，有300多个商铺在经营，周边的大小住宅楼，大多成为"内衣一条街"的配套小仓库。

曾是改革开放繁华象征的地摊、批发逐渐迁出高第街是经济规律使然。

让人发出“盛衰”和“恍如隔世”的感叹，更多是感慨“广州近代第一家族”许地破败不堪，且暂无复兴迹象。

昔日：许氏家族辉煌一时无两

许氏家族的昔日辉煌与改革开放初期的商业繁荣在高第街相互交织。

许地保留了清代建筑12组（约46间），民国及新中国成立后建筑百余间，其中1处市级文物保护单位“拜庭许大夫家庙”，1处广州市登记保护文物单位“许广平故居”，7处越秀区登记保护文物单位：许应鏶故居、许卓故居、许应骙故居、许祥光故居、许地门楼、广东宣传员养成所旧址、水母湾美洲同盟会会馆旧址。

18世纪前后，负责粤省盐务的公所设置在高第街，富足的盐商纷纷在此修建深院大宅，成为盐商聚居的商业旺地。乾嘉之际，许氏家族从澄海迁来，因贩盐之利，在高第街繁衍生息，许氏家族后人出将入相、执鞭杏坛，成为横跨政、商、学三界的广州大族。

为许家首写传奇的是许拜庭，他13岁到盐店当童工，因勤恳忠诚，受到重用。后来许拜庭成为广州四大盐商之首。在海盗猖獗时，许拜庭集资出力剿匪大获成功，因此获嘉庆皇帝嘉奖，获封“中议大夫”。

1810年前后，许拜庭选定高第街作为许氏家族的永久性居住地，之后不断修祠建宅，逐年扩充。从此，这一带得称“许地”。

在风起云涌的中国近现代史上，许地走出一位位叱咤风云的人物，令人惊叹高第街名人之集聚。其中有浙江巡抚许应鏶，一品大臣许应骙，孙中山麾下第一骁将、粤军总司令许崇智，“红色英烈”许卓，中山大学前校长、教育泰斗许崇清，“红顶绅士”许祥光，航空专家许锡缵，鲁迅伴侣许广平……中山大学历史系教授邱捷评价，广州找不出第二个如此显赫的家族。

因盐务而兴旺的高第街，从明清时期起便是一条繁荣的商业街。抗战时期商业氛围曾经受创，20世纪80年代初，高第街因大量售卖香港产品而逐渐恢复昔日商业荣光。电影《雅马哈鱼档》中的海仔便是高第街个体户的一个代表，很大程度上代表了当时高第街个体户的发展过程。

思路：打造历史文化名城新名片

早在2003年，便传出高第街要拆迁，2005年有开发商介入希望进行开发。由于居民反对，开发商的《国有土地使用证》被撤销。高第街要开发的消息使得许家后人极为不安。

2006年初，许氏宗亲以家族名义牵头制作了地块改造方案，并出资150万港元，委托香港大班策划顾问公司美国设计师制作了《开发高第街“许地商城民俗文化村”设计方案》，重点就是把许地打造为旅游商业区。

不过，该方案并未得到最终认可，难题之一是改造涉及拆迁资金巨大。有报道估计拆迁费用高达50亿元。

2013年的广州市“两会”上，民进广州市委员会有提案建议，政府应该挖掘许地文化资源，传承高第街历史文脉，打造历史文化名城新名片。

2013年，高第街纳入《广州历史文化名城保护规划》的保护区。高第街所在的越秀区还许诺未来将建“许地博物馆”，引导高第街进行更新改造。

最近，广州北京路文化核心区管委会副主任李延忠告诉记者，北京路文化核心区将规划突出广州传统中轴线的核心引领作用，对其周边的历史街区与文物古迹进行系统保护与开发，串联区域内名胜古迹，集中展示广州城市传统格局与城址变迁。而高第街所在的区域，未来将打造为4A风景区。

尽管时至今日高第街如何保护还没有详细方案，但可以肯定的是这条集合着商业和人文历史的街道，已经引起政府的重视。

南锣鼓巷：醉胡同，最北京

现状：北京风情聚胡同

现在的南锣鼓巷已经成为北京休闲旅游和文化创意特色街区，初步形成了以休闲旅游、文化艺术、创意设计、艺术品交易、游戏动漫等为主的文化创意产业。在北京，“逛胡同”成为与“登长城、看故宫、吃烤鸭”一起并列吸引游客的四大元素。南锣鼓巷是“胡同界”的代表，这里以老北京风情著称，历史名人故居集中。

南锣鼓巷形成于元代北京建都之初，全长786米，宽8米，呈南北走向，浓缩着北京700多年的古都历史。南锣鼓巷的道路结构为旧城典型的“鱼骨式”，它与东西向的18条胡同共同形成一个整体街区。

如今走在熙熙攘攘的南锣鼓巷上，到处可以看到文化与商业共生共长的景象：游客在路上四处打听中央戏剧学院小剧场、茅盾故居和齐白石故居方位；酒吧、咖啡店、台湾小吃店、港式甜品店、湘菜馆、川菜馆、意大利比萨面馆、工艺品店琳琅满目；兔儿爷、吹糖人、剪纸、千层底布鞋、京绣、京扇、京剧脸谱应有尽有……

据说，南锣鼓巷的租金几年来几乎是一年翻一倍，一间二三十平方米的小门脸房，租金每月都在三四万元。以至于原本这里的老住户都成了房东，一间间临街的老房子，现在都成了摇钱树。

改造：文化创意打底休闲旅游出世

现在的南锣鼓巷，已经呈现出四种街道景观，代表着四个典型时期的历史和文化。第一种街道景观是以传统的四合院居住建筑为主，第二种景观是由西方古典建筑和中国传统建筑结合的折中式建筑，第三种景观由沿街商业建筑组成，第四种景观是直线造型、以钢筋混凝土和玻璃为主要特征的现代建筑。

为了实现这四种街道景观，南锣鼓巷用了20年时间。

1990年，南锣鼓巷正式成为《北京历史文化名城保护规划》首批划定的25片历史文化保护区之一，为南锣鼓巷日后改造打下基础。

2000年后，南锣鼓巷的南端，围绕中央戏剧学院附近，率先出现了一些在院落中经营的小酒吧、咖啡馆，成为吸引文化创意人群的好去处。

2004年—2006年，北京东城区政府对南锣鼓巷内四合院进行“微循环”渐进式改造模式实践，逐步引导疏散了四合院3900余名住在改建房的居民，改造44个院落，为南锣鼓巷空间提升发展撑开了骨架。

2006年，南锣鼓巷所在的北京东城区政府斥资3亿元，对南锣鼓巷进行修缮，并且铺设了一条仿古石砖路。政府这一大力主导改造，彻底使得本来幽静的老巷变成时尚的商业街。有统计显示，2005年南锣鼓巷有13家咖啡店，到了2009年增加到31家。

经验：商业+文化驱动旧城改造

2005年以来，南锣鼓巷经历了从生活空间、创意空间到旅游空间的转变。2014年底的这一次业态结构调整，则预示着南锣鼓巷走向深度旅游开发。

南锣鼓巷20年的更新升级，给其他城市历史街区改造的最大启示，莫过于因地制宜地把具有时尚元素的文化创意产业引入历史街区，让新旧交织融合。

回顾南锣鼓巷的更新升级史，2006 年是一个重要节点。2006 年之前，南锣鼓巷上最为集中的商业形态是咖啡屋、酒吧和特色餐厅，这可以反映出南锣鼓巷是文化创意产业的自发聚集。2006 年北京政府斥资对南锣鼓巷进行修缮，从这时候起，南锣鼓巷开始转向休闲旅游，这一时期起，南锣鼓巷上的商业业态更加丰富，也更加草根化，大众旅游消费品增多。

2010 年，有学者开始呼吁，南锣鼓巷要根据发展方向确立重点产业，提高门槛，进行业态调整。

2014 年底，南锣鼓巷一项业态结构调整引起了城市规划者的注意：南锣鼓巷内酒吧咖啡馆比例不得高于 25%、特色服装服饰不得高于 25%、创意制作及商品零售店不得高于 35%、会所客栈不得高于 5%、特色餐饮不得高于 5%左右、其他经营服务不得高于占 5%。

可以说，2014 年底南锣鼓巷的业态调整，正是北京政府意识到南锣鼓巷要保持打造文化创意旅游，必须适时对业态进行升级。此外，南锣鼓巷在业态结构规划控制方面还有一个经验很值得广州学习。南锣鼓巷商户成立行业协会，新进驻的商家必须经过行会“前置审批”，如果新商家不符合南锣鼓巷的业态规划或者这种业态已经饱和，行会将对其投“否决票”。这对于防止低端业态扎堆起到重要作用。此外，行会在商家自我管理方面也起到了许多积极的作用。

记者手记

历史街区升级改造政府不可缺位

从北京路核心区的发展思路看，高第街未来的更新升级方向应该仍然是打造历史街区，在进行文物古迹保护与开发的同时，串联北京路周边名胜古迹，展示广州城市传统格局与城址变迁。

从历史街区形态上观察，高第街与南锣鼓巷有着诸多相似处。南锣鼓巷是典型的“鱼骨式”格局，而高第街两旁也有诸如连科里、联胜里、宜安里、积银巷、庆寿巷等浅狭街巷；高第街和南锣鼓巷同样聚集着大量清代和民国建筑，名人故居资源丰富。

南锣鼓巷的成功有几个关键词：系统保护、文化创意、休闲旅游、业态提升。即在对历史街区系统保护，使得围绕中央戏剧学院的文化创意有了发展土壤，政府追加投资将街区打造成休闲旅游阵地。后期随着大众旅游的涌入，街区有脱离特色旅游迹象，政府再进行业态规划和提升。总而言之，政府规划始终是守望者甚至主导者，不可或缺。

反观高第街，至今连整体性保护规划也未曾出台，谈及打造历史街区，进而调整业态为时尚早。也正是由于规划未行，“内衣批发市场”和“住改仓”才成为这个街区利益最大化的业态。

拥有250年历史的高第街，最鲜明的特色是商业和人文，即从明清至改革开放先行先试的商业街和广州近代第一家族的许地。目前，这两个特色一个已经式微，一个还待提升。

南锣鼓巷的改造，引入的是“文化创意产业”，这是极高明的做法。文创产业不但符合历史街区的空间体量，而且利用南锣鼓巷的商业区位，对旅游商贸等产业起到推动作用。

高第街的更新改造，可以借鉴这种做法，前提则是恢复许地昔日的荣光，从历史街区保护开发起步，进而让文化创意产业“登堂入室”。在升级了街区的定位后，为这个历史街区注入新的业态，用更高的效益、更高的房租去挤压原有的低端业态，从而带动街区业态升级。

政府是旧城再生的引导者和参与者。高第街几乎年年传闻规划改造，但年年观望，高第街更新升级急需政府之手推动，常规的做法可通过搬迁和招商引资改造旧空间，其后再通过居商协调、市政建设等措施进行新空间管治与协调，但最根本的措施还是通过规划管理进行空间引导，并引导业态调整。

四、番禺学宫：岭南文枢待重生
翰墨贯古今知道番禺

岭南文脉源远流长。自唐以降，广州就是岭南文化的中心地。达摩西来初地，慧能演说风幡，东坡题名六榕。而后岭南代有人才出，多与广州有缘。清光绪时，南海人康有为在广东贡院应试，中进士而进京，由此拉开了风起云涌的近代中国史。

追古思今，壮怀激烈。今天番禺学宫仍保存完整，广东贡院仅余明远楼，但知道它们的人却少之又少，一段辉煌历史就此沉埋。本期《文心雕城》通过番禺学宫、广东贡院与南京夫子庙文化核心区的对比，寻找城市文脉的挖掘梳理之道。

番禺学宫：岭南文枢，鲜为人知

现状：身在学宫不知处

从河南千里来到广州，王先生的首站来到了农讲所。指着胸口前的毛主席徽章，他的旅游很明确："我是冲着毛泽东而来的。"他并不知道，自己身处的农讲所还有一层更深的渊源——番禺学宫。

穿过农讲所的安保门，古旧而质朴的建筑格局隔开了中山路的繁华。一条石拱桥从两方泮池间穿过。越过拱桥，古雅庄丽的大成门上书的"番禺学宫"四个大字，大气而肃静。

并没有详细的资料展现番禺学宫的厚重。当年用来祭祀孔子的主殿大成殿，已没有当年的孔子像以及孔子的牌位神龛，更多的时候由主题不同的展览来叙述历史。大成殿东西两侧的厢房，陈列了有关农民讲学的历史图片，玻璃橱窗里，学员的用具填充了历史的细节。关于更早时候祭奠孔子的历史，记者并没有找到相应的文字说明。历史在同一场地的翻页，让学宫之迹难以觅寻。

但这也是番禺学宫的幸运。“文革”时期，与孔子相关的文物曾遭到严重破坏，恰是因为番禺学宫以农民运动讲习所的名义存在，才免遭此劫。如今孔子像虽在农讲所偏居一隅的明伦堂里，却也完好无损。

在番禺学宫的不远处，与科举文化有关的建筑正以另一种方式被保护。位于越秀中路125号大院33号的明远楼是广东贡院的仅存建筑。机声隆隆，正在修缮的明远楼被掩盖在临时搭建的棚架里，厚重的历史无处表达。作为文物保护单位，广东贡院此前并不对外开放。

“2015年会有所改变，贡院会免费开放给市民游客参观，希望文化能得到更好的传承。”广东贡院的管理方广州鲁迅纪念馆相关负责人表示。

历史：学宫贡院堪称岭南文枢

既不知贡院，也不闻学宫，是今天广州人的一大遗憾。因为在明清时期，广州是岭南文枢，番禺学宫位居广东三大学宫之首，广东贡院也是全国四大贡院之一。

明明位于广州，为何要叫“番禺学宫”？因为在建造它时，这一片地属于“番禺县”。明洪武三年（1370年），番禺县知县吴忠、训导李昕在现址创建番禺学宫，临近当时的番禺县署。当时番禺学宫是广三路、深五进的宏大规模，有很多附属的殿堂馆阁。而今左右两路只剩下明伦堂、光霁堂，中路现存棂星门、泮池拱桥、大成门、大成殿、崇圣殿及东西廊庑，在全国学宫中已算是保存完整了。

早年读书人只有顺利通过县试、府试、院试三道考试，成为秀才，取得生员资格之后才能进读学宫。除了教育之外，学宫最重要的功能是祭祀孔子，因此学宫也叫孔庙和文庙。

1905年废除科举之后，当局在番禺学宫设立了番禺中学堂：八桂中学。20世纪20年代军阀混战时期，滇桂联军盘踞广州，番禺学宫成为一个驻兵场所。士兵们为了建造营房，拆祠毁殿。

1926年，毛泽东将农民运动讲习所从东皋大道迁到番禺学宫，为北伐战争培养了一批农民运动骨干。因为功能的转变，番禺学宫从祭祀孔子的场所变为革命发源地，在而后的历史事件中得以幸存，成为广州唯一幸存的学宫。

广东贡院的明远楼是科举文化的“幸存者”。全国的贡院核心建筑大多叫“明远楼”，意思是看得清、看得远——它是供监考官站在高处监视考场的。从史料中得知，明远楼左右两侧是密集的号舍（考试间），同治六年(1867 年)，广东贡院号舍达到 11708 间，成为清末中国的四大贡院之一。据说黄遵宪、康有为、梁启超都曾在这座楼下的号舍参加过乡试，可以想见，当年红楼之下，也是群贤毕至。

红楼是贡院 657 年历史中生命最顽强的建筑。从第二次鸦片战争、太平天国运动到抗日战争，贡院均蒙受战火之灾，大多数建筑被焚毁，贡院曾是遍地瓦砾，却唯独红楼一直岿然不动。

规划：“大文化”理念连点成线

北京路文化核心区管委会有关负责人说：“番禺学宫和广东贡院是广东的官方科举文化的代表，而大小马站书院群落则是民间科举文化的展现，它们都是科举制度传承的空间载体。在打造文化建设时，应该以大文化理念把它们串联起来。”

“大文化”理念，意指把大区域内所有文物整合在一起，把相关文物进行统一规划、打造、盘活与利用。这也正是把番禺学宫、广东贡院与书院群落连点成线的难题。从目前情况看，番禺学宫更多考虑农讲所的展览功能，而广东贡院作为文物保护单位，更讲究的是如何保护建筑不受损害。不同的分管单位，难以聚成“大文化”的发展合力。

如何在一盘棋上打造文化发展，并不是没有参考的例子。2011 年，北京市组建市文化委员会，以“大文化”为机制，引导文化产业走出各自为政的死胡同，统筹文创产业发展。

“广州可以借鉴北京的做法，打造岭南文化特色。”北京路文化核心区管委会有关负责人表示，广州的科举文化有其岭南特色，一是因为番禺学宫、广东贡院和宗祠书院在地理空间上连成一起，二是院落建筑充满岭南味道。有其特质，广州即使在各城市科举文化的“同题作文”上，仍有闪光点。

但李延忠更看重的是“盘活”。“文化必须靠盘活展现才能传承彰显，否则它就是死的东西。”

南京夫子庙：天下文枢，实至名归

现状：游南京必游夫子庙

作为中国四大文庙之一，南京夫子庙是十里秦淮风光带上一个重要的景点，亦是南京的名片。游南京必游夫子庙。笔者2009年曾经游历南京，短短四年不见，夫子庙一带又发生了很大变化。蓦然回首，国内不少城市文化景点保护开发已经进行到第二轮甚至第三轮，而广州还停留在基础的静态保护阶段。

南京在历史上曾经十一次定都，六朝时代，夫子庙地区已相当繁华。科举文化是中华文化不可或缺的组成部分，而南京是科举文化的重镇，夫子庙地区历来是江南科举文化的中心区，素有“天下文枢”之美誉。

与过去不同的是，现在游南京夫子庙，还可以顺便逛“中国科举博物馆”。夫子庙“江南贡院”的牌坊背后，原本是一大片集贸市场。2012年南京市启动夫子庙地区第二轮规划改造，搬走市场，建设了地下四层的“中国科举博物馆”，并重建了江南贡院的号舍。

和逛普通的博物馆不同，科举博物馆的趣味性非常强，比如古时考试连考三天，学子们必须蜷缩在狭小的号舍里过夜，在参观时，游客能钻进号舍亲身体验。收集到的展品非常鲜活，其中有状元工整到令人惊叹的试卷，也有古代“打小抄”的工具，还有蒲松龄等落榜生的相关文物。

时至今日，中国考试文化依然十分兴盛，因此科举博物馆能让参观者产生强烈共鸣。在南京夫子庙的孔子像下，扎满了考生们祈福的牌子。

值得一提的是，南京夫子庙在旅游产品的开发上也别具匠心。南京市委、市政府委托文旅集团开发相关纪念品，后者找来了国内一流的文化公司设计生产，年轻时尚的设计让不少游客情不自禁地掏腰包。

2014年夫子庙年游客接待量就超过了3000万人次。

改造：两次大改华丽转身

夫子庙历史上曾经历四毁五建，最近一次被毁是抗日战争中被烧毁。1984年，国家旅游局、南京市委、市政府启动夫子庙复建。夫子庙复建工程是南京市一号工程，连续8年元宵节后第一个市长主持的会议是研究复建工作。从1984年到2000年，经过16年持之以恒的努力，投入20多亿元，夫子庙终于按照历史记载原原本本地复建起来，共复建古建筑群 30 多万平方米。

夫子庙复建完成后，有一个阶段管理比较松懈，在旅游开发上更加注重商业效益，陆陆续续开辟很多市场，不少复建的建筑都被破墙开店，大部分店铺产权都被小业主买走了。

从 2012 年开始，南京市启动了夫子庙第二轮规划改造。夫子庙治理有四个关键字。一是"关"，截至 2014 年 7 月共关了 2000 多家中小商户，江南贡院一带的市场全部清除；二是"拆"，所有影响天际线的违建一律拆除；三是"治"，规划停车场，解决乱停车位，把美食街改成步行街；四是"改"，建筑立面、店铺招牌、管线、标志系统全部进行统一规划改造，根据新标准重新设计制作了 70 余个店牌、侧招，做到一店一招、招招不同。

如果说，1984 年的改造旨在"复活孔庙"，那么这一次改造就是推动夫子庙景区从"商贸旅游"向"文化休闲"转身。

经验：项目带动促文化产业发展

南京夫子庙的华丽升级，背后有什么经验可循？南京夫子庙管理局相关负责人向本报记者道出了个中秘密：要让一个旅游功能区发生彻底的改变，单靠文化和商业比例的改变，解决不了根本问题，必须依靠项目带动。

文化项目化、项目精品化、精品项目产业化，这一"口诀"具体落实到科举博物馆和秦淮河改造提升工程这两个文化旅游项目上。中国科举博物馆占地 6 万多平米，按照规划，它将是中国科举制度中心、中国科举文化中心和中国科举文物收藏中心。秦淮河改造提升工程 2014 年启动，包括滨河亮化、建设亲水平台等，还在秦淮河夜游的重要节点增加了还原性的真人表演，解决夫子庙夜间人气不足的问题。总的改造提升原则是秉承风貌、融入时尚、完善功能。

据了解，2014 年南京通过新一轮区划调整，白下区与秦淮区合并成立新的秦淮区，现在南京市的老城区全部集中在秦淮区，南京市把 7. 29 平方公里的老城南地区划定为"旅游综合管理体制改革试验区"，交给秦淮区管理。南京市推进旅游体制改革，把老城南管委会作为管理平台，成立文旅集团把文化经营类项目剥离出去，促进资源的优化配置。

管好一个旅游文化区，首先是强管理，夫子庙地区以前是凭经验管理，现在店牌店招多大、什么颜色、什么字体都有严格规范。其次是推改革，秦淮区在全区推行综合执法改革，对旅游区管理起到重要作用。第三是规划高，规划标准必须高瞻远瞩。第四是专业化，让专业的人做专业的事，而且要找同行业国内外最优秀的团队。这些经验对于广州规划管理文化旅游区应有重要启示。

记者手记

文化建设需要持之以恒

文化是城市发展的灵魂，如果没有文化内涵，再繁华的城市只能是千城一面。

广州显然陷入了文化建设与经济发展的尴尬，游客知道天河城，却不了解番禺学宫；本地人爱小蛮腰，却对广东贡院闻所未闻。

这是广州历史文化所面临的尴尬：同为祭祀孔子之地，番禺学宫乏人问津，而南京夫子庙早已是当地的名片；同为清末四大贡院，广东贡院的开放参观还在筹备阶段，而南京夫子庙景区中的江南贡院已经有更大的发展蓝图，正在建造中国最大的科举博物馆。

从杂乱市场发展到城市名片，南京夫子庙用了30年，投入资金不少于20亿。除了挖掘夫子庙文化内涵以外，当地政府更是在城市管理上做足功课，拆除违建、整治周边交通环境、提升环境治理……

反观广州的番禺学宫和广东贡院，它们的先天条件并不弱：番禺学宫保存完好，广东贡院周边有广东省博物馆等场所呼应文化主题，而两者周边，更是有大小马站书院群落“众星拱月”，可惜的是，番禺学宫和广东贡院在熙熙攘攘的街区里声势微弱，文化被淹没在繁华市井里。

文化的传承首先需要被了解。对于番禺学宫和广东贡院来说，短时间内成为广州“夫子庙”也许并不实际，更为迫在眉睫的反而是在文化大视角下，把两者的同题文化进行整合挖掘，发挥文化价值最大化，而非在不同方向里零敲碎打。在这个过程中，广州不妨可以参照作为同样命题里的优秀作品南京夫子庙，对文化的发展投入时间、耐力和包容心，重新塑造人们对城市价值的认同。说到底，文化发展从来是一项长线投资，虽不能立竿见影，但却能在时间维度里持续保值。

文化离不开投资，谁来投资？有番话笔者很认同：文化建设投入不能纯粹依靠政府，否则难以为继。财政投入应该是文化建设的孵化器和向导器，引导社会力量和市场力量共同推动文化发展。

撰文：黄玉瑜　曾妮

五、陈李济：老字号走新路　续写不老传奇

广州陈李济北京路老铺，杭州河坊街胡庆余堂，同样是“国家名片”的中医品牌，同为“南药”佼佼者，同处于城市繁华中心，由于开发方式的不一，如今呈现出不同的面貌。前者仅以门诊方式回归旧址4楼，后者却已成为闻名全国的国家4A级旅游景区的品牌景点。

在城市更新洪流中，老字号如何在传统文化与现代商业之间取得平衡？《文心雕城》这一期，通过广州陈李济与杭州胡庆余堂的发展对比，探寻老品牌焕发生机的力量。

陈李济：老铺重返北京路

今生：门诊体验馆缩居旧址4楼

在北京路靠近大南路口约100米处，一栋商铺云集的骑楼人来人往，但鲜有人留意到骑楼拱顶刻有“陈李济”三个字，这里正是国内现存历史最悠久的制药企业之一陈李济的旧址。

在北京路“居住”了400年之久的陈李济，在1998年搬迁至广州大道南1688号，北京路旧址被改造成商业城，但大楼外观仍保留当年陈李济特色，尤其是中间的大圆拱一直保存，据说能吸纳四方灵气和才气。

2011年4月2日，阔别北京路13年之后，陈李济重回千年古道。位于旧址4楼的陈李济中医门诊部正式开门迎客。

入楼小逛一圈，商铺集中。辗转上行，别有洞天。3楼至4楼的楼梯处，“陈李济中医门诊部”红底金字映入眼帘，踏梯而上，一股熟悉的中药材味道仿佛将来者带回那尘封已久的年代。

由于地段特殊，门诊部每周三都会延迟至晚上9时才闭门谢客，尽管如此，前来看病的人数最多也只有二三十名，这样的热度与陈李济响当当的品牌号召力极不匹配。

"由于地处4楼，不少市民不知道这里有中医门诊部。"导诊护士黄小姐说，为了聚拢人气，门诊部还兼具岭南中医药文化体验馆功能，每周至少举办一次养生讲座，但前来的街坊也不算多。

"百年老铺，缩居4楼，太可惜了。但至少陈李济回来了，回来就好。"在等候执药的陈婆婆如是感叹。

前世：济世为怀享誉羊城

千年古道北京路见证了陈李济从一家小作坊发展成现代化中药先锋企业。陈李济在北京路194号经营了近四个世纪，也沉淀了一代代广州人的珠水情怀。

陈李济立于明万历二十七年，相传400多年前，广东南海人李升佐在路上捡到南海富商陈体全的巨额货银，并原银奉还，陈体全感其诚信，遂投资李升佐的草药店，取名"陈李济"，寓意"陈李结缘，同心济世"。

因诚信而生的陈李济，经营中也将诚信当作立业之本，"古方正药"也一直是陈李济的金字招牌。

清代康熙年间，陈李济制药人员成功把蜂蜡与木蜡混合成既不软也不硬的蜡壳，将药丸裹在其中，再用蜡密封，效果尤胜罐头包装。这个足以写进中国制药史的重要生产工艺创新，至今在中成药中仍被广泛应用。

此外，陈李济的老铺条规中，"送茶赠药"是延续了几百年的要则。店铺门前的人行道上，陈李济设置茶缸，免费为炎夏广州街头的挑担、拉车苦力供应茶水。遇上门前晕倒的饥民、难民，陈李济的伙计也必然出门营救施药。

清末民初，陈李济所在今北京路一带，民居多为平房木楼，居民又以木柴为燃料，经常发生火烛。陈李济司理（相当于大掌柜、总经理）和股东研究，决定专门从国外重金进口三部"火烛车"，只要民居遭灾，陈李济义务"消防队"便会即刻出动。

除了品质出众的药品、高尚无私的医德，陈李济在经营上也有着诸多创举，如百年陈皮只送不卖，口碑营销做到足；草药店改成售卖中成药的药坊，前店销售，后坊制药，缩短流通环节；司理由陈李两族德才兼备者轮流出任，三年一轮换……种种举措使得这家当初不起眼的中药铺逐渐成长壮大，延续至今。

历史记载，陈李济曾分别在 1857 年和 1938 年遭遇英法联军炮轰与日军飞机轰炸，但厂房遭毁之后，凭借保存下来的人才与技术，陈李济又重新崛起。

思路：探索经济与文化效益平衡

在距离北京路老铺 9.3 公里的陈李济工厂区中，有一幢别致的两层建筑，大理石的外墙和精制的木花玻璃窗，尤其是高大的拱门、耸立的石碑，令参观的老广州感到似曾相识："这跟北京路的陈李济老铺真像啊！"这就是 2004 年落成的陈李济中药博物馆，按北京路老铺一比一再造。

广药集团白云山陈李济药厂有限公司党委书记、董事、副总经理叶琼莹回忆，陈李济 1998 年将厂房搬迁至广州大道南 1688 号，原因有两方面，一是配合北京路步行街的改造，二是企业与时俱进的要求，北京路改造后，陈李济原有的厂房、生产线、设备等已不能满足现代制药企业发展需要。

"可是不少老街坊问'到底陈李济去哪里了'。2010 年，我们决定在北京路还是要留一块陈李济的地方。"一个细节让叶琼莹念念不忘。2011 年，陈李济重回北京路时，一位 93 岁的老婆婆拄着拐杖自己坐公交车来到北京路，就为了再看一眼陈李济。

"我们是闻着陈李济的药味长大的，我是吃着陈李济的药品到今天的。"至今仍住在惠福路上的陈婆婆回忆道，当年闻到药味，便能猜出药厂做什么药。

然而，陈李济药厂相关负责人坦言，虽然回归北京路，但"束之高阁无人知"的陈李济中医门诊部目前经营状况并不理想。对比杭州胡庆余堂，整栋建筑打包开发，并请名老中医坐堂问诊，创下一年单是开药方就赚了 6000 万元的老字号商业奇迹，广州的陈李济显得苍白无力许多。

"只在北京路旧址 4 楼默默经营，这是肯定不够的。"上述负责人说，按最初设想，北京路旧址的理想状态是在 1 楼还原老铺模样，既兼具卖药经营功能，也有老中医坐堂问诊，还要与陈李济中药博物馆充分互动，展示中医药传统文化。"怎样才能做到经济效益与文化效益相对平衡，我们还在探索，但从未停下探索的脚步。"

胡庆余堂：药方年赚6000万

现状：老店门庭若市 开创商业奇迹

对于前往杭州旅行的游客而言，必到之处有两个：西湖以及河坊街。素有“江南药王”美誉的胡庆余堂，始建于1874年，是清末红顶商人胡雪岩耗白银30万两创立的。130余年过去了，胡庆余堂完整地保留下来这座徽派建筑和传统的中药制作工艺，并在1991年建起中药博物馆，为老百姓看病抓药之余，还供人参观游览。

登堂入室，穿过前面顾客流连的药店，推开木门，听着捣药声，在草药香气中，走进这家国药字号、清代徽派商业古建筑代表——胡庆余堂中药博物馆，宛如时光倒转，回到130多年前。

胡庆余堂前堂后馆，仿古的建筑装潢力图留下传统的印象，而满满一墙齐整的中药抽屉“搁斗”更是专业化的象征。

在后面的博物馆中，讲解员带游客们领略了中医药史的变迁，还有经验丰富的老药工现场演示泛丸、中药材切片，有兴趣的游客还可亲手尝试用传统药具操作药丸。

在药堂里，中医的传统诊断往往保留更多，“望闻问切”仍然是看病时的基本步骤，坐堂医师为一位问诊者看病的平均时长大致是十多分钟。

对于胡庆余堂的人丁兴旺，杭州清河坊资产管理有限公司相关负责人并不意外，其笑言现在不少杭州人乃至外地游客都喜欢到这里来开点中药，小病小痛会来，有养生保健需求也来。胡庆余堂曾创下一年单是开药方就赚了6000万元的商业奇迹。

改造：重建改造紧急叫停老店“绝处逢生”

胡庆余堂得以复活壮大，离不开河坊街的改造与提升。而在此过程中，新与旧的博弈、破与立的对抗，交替更迭。20世纪90年代，按照杭州整体规划，河坊街两侧建筑将尽数拆除，改建成32米的公路，胡庆余堂也在拆除范围之内。

杭州一批有识之士得知胡庆余堂面临重建改造的消息后立即写信到杭州市委、市政府，力陈清河坊的历史人文价值，呼吁：文物不能再生，毁之将千古遗恨；若拆除重建，也会变成赝品，价值将顿失，保护河坊街已刻不容缓。

“那是1999年春，河坊街拓宽改造工程全面展开。到处是一个‘拆’字。在社会的呼吁中，终于被紧急叫停。”杭州城市规划设计研究院院长助理杨毅栋至今记忆犹新。

当时上任才6天的市长仇保兴深为感动，立刻作出批示，一场紧急抢救河坊街的行动，快速而有序地展开。2000年3月27日，杭州市政府作出批复，将河坊街、大井巷一带正式定名为“清河坊历史街区”。

清河坊历史街区的保护工程进入了正式的轨道，系列保护措施逐个开展：在街区范围内对商业建筑、公共建筑、传统民居、名人住宅进行分门别类，区别对待；在普查的基础上，根据历史文化遗产的价值公布不同级别的文物保护单位、文物保护点；运用多种手段进行保护，正确处理历史建筑与现代生活需要的关系。

清河坊历史街区终获“绝处逢生”。修复更新后的清河坊，于2002年10月热闹开街，至今已成为古城特色街区的代表。

而寸土寸金的河坊街，多家中医药商铺在此生根，除了胡庆余堂，还有同仁堂、方回春堂、叶种德堂、保和堂等中医药馆，都在陆续开业。

据规划，这条街上的医馆2015年将陆续开张，计划打造成以中医医疗、技艺传承和产业研发为核心，中医养生保健、文化体验、医疗旅游等多功能的中医药特色产业街区，成为杭州旅游的另一个增长点。

经验：复活老字号打造古街中医文化特色

千年古城，两朝古都，杭州拥有众多的历史文化街区。清河坊是古都传统商贸风貌最浓厚的地区，以河坊街为中心，胡庆余堂、方回春堂等知名中医药商号分布其中，犹如文化街区中的点点明珠。

经过多年的改造，清河坊街区遵循建筑与街巷的原有比例、风格，保护优化了建筑功能，恢复古朴淡雅的传统店铺和市井风貌，保护恢复了大批百年老店、专业特色店，集聚了中药、茶、饮食、古玩和民间艺术等特色文化业态，人气日旺。2007年初，清河坊历史街区成为国家4A级旅游景区，这是全国商业步行街中的唯一。

杭州清河坊资产管理有限公司相关负责人介绍，杭州对于历史街区的保护，不仅是保护历史建筑等有形的文化遗产，更是要保护好老字号、传统商业等无形的文化遗产，并让历史建筑与商业文化实现完美的结合。

叶种德堂、方回春堂、万承志堂、保和堂……这些一度消失在人们视野里百年中医药老店，又出现在河坊街上，具有300多年历史的北京同仁堂国药号也相继在清河坊落户。

当前，清河坊已发展成为杭州乃至全国中国医馆最为集中，中医药文化最为浓厚的区域，有着晚清“杭药六大家”的四大中医药馆均恢复在此开设分号。在知名的胡庆余堂周边，已形成以胡庆余堂为主线，以叶种德堂、保和堂、方回春堂、万承志堂等药铺为副线的中医药文化氛围，构成了古街的文脉之源。

街区发展，布局先行。河坊街在2001年开街的时候，杭州在业态布局中已作出了明确的界定，通过近几年的发展，街区已形成了药文化、茶文化、食文化、古玩艺术、市井民俗、文化古迹为主的六大特色。

记者手记

寻找文化与商业的平衡密码

2010年发行的特种邮票《中医药堂》上，广州陈李济与北京同仁堂、杭州胡庆余堂、上海雷允上同登“国家名片”，行业地位可见一斑。

当你细究四大中医药堂的历史，会发现陈李济比同仁堂、胡庆余堂、雷允上还要分别早69年、274年、134年。可一旦谈及品牌知名度，陈李济却不如晚辈。

知名广府文化学者饶原生生动地打了个比方：如果说北京路的商业是显而易见的黄金，那么以北京路为中心的历史文化建筑则是有待挖掘的“矿藏”，而后者才是岭南文化根脉之所在。

那么，在被定义为传统文化和现代生活紧密结合的城市改造过程中，如何在传统文化与现代商业之间保持平衡，便成为老字号建筑复兴的关键点。

中央财经大学文化经济研究院院长魏鹏举认为，想要实现文化与商业的对接，着力点在于要做价值性的对接。

所谓价值性的对接，就是要将文化价值融入商业价值，而不是生硬的、形式的拼贴。这种有价值的对接，就是要把文化的价值与长远的商业发展有效结合，让文化生意成长为文化产业。

以陈李济为例，随着健康服务业发展，中医药养生旅游越来越受到关注。自2014年起，各地都在尝试将中医药文化资源和当地生态资源结合起来，把中医药融入历史文化中，呈现出“活着的”传统文化古迹，彰显百年品牌标签。这时候，陈李济北京路旧址可以扮演更重要的角色。

百年积淀，铭刻何处？既铭刻于泛黄的书卷，也铭刻在人们口耳相传。但更多的，铭刻在那名城古街的墙垣砖瓦之间。

陈李济的北京路老铺，不应止步于商业。期待有这么一天，游客逛完北京路广百、天河城之后，也能去陈李济的旗舰店捎上几份乌鸡白凤丸、陈皮做手信。

何处可看千年广州？如何才能“返寻味”？文心雕城，让我们一起寻策求解。可扫描二维码进行关注或留言评论。

策划：姜玉龙　谭亦芳　曾妮

采写统筹：曾妮

版式统筹：陈健珊

撰文：张西陆

六、东山洋楼：养在深闺　可远观难走进

自从东山区撤销后，“东山”就成为了广州人回忆中的文化地标。今天，如果问老东山在哪里，许多广州人脑中会浮现出新河浦那些红砖小洋楼的身影。培正中学、五大侨园、中共三大会址……新河浦不仅是一座建筑艺术的宝库，还是一本厚重而生动的历史书。

多年来，谈及新河浦改造，广州人总是慎之又慎。究其原因，广州人认为在保存历史建筑形式的同时，也应当尽力留存其地的生活方式，而纵观国内历史建筑区改造，绝大多数以整体动迁为前提。有没有成功的例外？本期《文心雕城》，我们走进广州新河浦和武汉昙华林，探讨如何在保护开发历史建筑区的同时，尽力留下当地居民及其生活方式。

新河浦：

洋楼林立　养在深闺

现状：洋楼可远观难走进

广州俗话说，“西关小姐，东山少爷”，西关和东山是清末民国广州最有名的“富人区”。又说“西关富，东山贵”，东山人家除了家境殷实之外，还拥有显赫的家世。而昔日东山风貌，尽在今天的新河浦。

面积62.9公顷的新河浦地区，东起达道路、西至均益路，北接庙前西街、庙前直街、寺贝通津，南临东华东路、新河浦涌和东山湖公园，合共有493栋历史建筑。新河浦的花园洋楼和西关的传统大屋并称为广州两个最有特色的历史建筑群。

正午时分，漫步新河浦一带，阳光穿过树荫照在街道上，古朴的洋楼、厚重的红砖，显示出东山洋楼昔日的辉煌。新河浦大部分历史保护建筑为独立式低层住宅，多是仿西洋古典式建筑，以清水红砖墙、民国水刷石、西洋式风格为主要建筑特色。而具有代表性的建筑有四座，分别是春园、简园、

逵园和培正路的明园。

新河浦一带别墅洋楼基本上是私人产权。以新河浦社区为例，该社区片区内有132栋洋房别墅，其中三成是自民国起代代相传的老业主（俗称“老地胆”），七成是转手后买下洋楼的新业主，132栋洋楼中仅有4栋是托管房（即所谓“公房”）。

至今，新河浦地区的别墅主要功能仍是居住，只有极少数业主将别墅改造成为艺术园、咖啡厅或西餐厅。尽管街区景色优美，但游客却无法走进别墅洋楼去了解民国时期的建筑文化和相关历史，新河浦博物馆屈居于社区文化站的一楼，简单的图片介绍和实物陈设，实在是无法反映这一片区辉煌的过往，让来这里旅游的人不免失望。

从山东来穗旅游的李先生抱着对民国历史的研究兴趣，来到了东山洋楼群，按照街区路牌的指引，他依次来到明园、春园等文物保护单位想要进入参观，但却处处大门紧锁，只能凭借建筑外观进行想象。逵园尽管开设了艺术园，但由于是私人物业，也无法深入其中一探究竟。在新河浦别墅群里穿梭了不到一个小时，李先生便草草结束了自己的东山洋楼之旅。

历史：归国华侨掀起房产投资热

1906年，美国基督教会在东山兴建培道学校校舍等机构，在这里形成了浓烈的宗教氛围。许多归国华侨看中这里的宗教气氛与基础设施，来此定居，他们成为了在此修筑别墅的第一批人。

第一次世界大战后，回国探亲的华侨增多，他们带来的侨汇急于寻找投资增值的出路。特别是20世纪20年代末，世界资本主义经济危机爆发，海外华侨回国把一部分资本转移至国内，在东山掀起了投资房地产的热潮。

新河浦有一段有趣的“古”：民国“烟草大王”、南洋兄弟烟草公司的简氏兄弟看中新河浦教育机构多（当时东山集中了30多所学校），以极低的价格拿下了新河浦一大片地皮，转卖给归国华侨建楼。华侨归国，多在天字码头上岸，简氏兄弟就派人去码头向华侨派传单，游说他们“落叶归根”。早年下南洋、闯西洋的华侨以台山、开平为众，因此，今天新河浦的洋房别墅许多都是台山和开平的老华侨建的。

20世纪30年代，高官显贵、军政要员看上了这里便捷的交通与清幽的环境，也纷纷来这里大兴土木，结庐营宅。一时间，东山洋楼如雨后春笋般矗立，形成与西关大屋相对的独特景观。

在这些洋房里，也曾活跃着一个时代的风云人物：毛泽东、陈独秀、李大钊、谭延闿、陈济棠等都曾在此活动，在东山进行的中共三大会议、国共合作谈判，在历史上留下了浓墨重彩的一笔。

改造：400 余洋楼列入保护范围

新河浦历史建筑群保护完整，街区旅游向导标志系统完备，三线下地、立面整饰等工程早已完工。今天的新河浦就像一个文化的宝盒，等待人们开启。

1998 年，广州市实施“一年一小变”工程，新河浦改造由此开启。2000 年 6 月，新河浦地区被广州市政府确定为第一批“历史文化保护区”，400 多幢小洋楼被列入保护范围，从那时起，别墅洋楼装修、装饰都必须遵循“修旧如旧、建新如旧”的原则，装修方案须报越秀区规划局和城管局审批，历史建筑得到了严格保护。

在新河浦居委会工作了六年的一位工作人员说，就连她也很少走进这些神秘的洋楼。有一次，一位业主因别墅阳台开裂，想找专业人员进行复古型维修。居委会牵线搭桥，找来了华南理工大学的专家，才有机会深入别墅了解其中的建筑奥秘。

遗憾的是，尽管新河浦地区在历史上留下了浓墨重彩的一笔和无数精彩的故事，但今天的人们却很难在走访中读到这些。尽管东山洋楼尽数集中在新河浦，人们却难以走进其中一窥究竟。究其原因，新河浦在功能上是居住区，而非旅游区，旅游展示的功能明显不足。

2007 年，越秀区政府曾投资近 5000 万元对 246 栋建筑外立面进行修饰并整治道路，重新将东山五大侨园整修，意图重新将东山洋楼打造成为越秀区旅游文化品牌。记者查询越秀区“十二五”规划获悉，新河浦片区仍主要作为居住功能区。

“西关富，东山贵”，东山人家除了家境殷实之外，还拥有显赫的家世。而昔日东山风貌，尽在今天的新河浦。

武汉昙华林：

文化古街　艺术铸魂

现状：闲逛老街喝下午茶成时尚

经过多年发展，昙华林已成为了武汉市的文化地标，上午从长江大桥过江至黄鹤楼远眺，再穿过户部巷小吃街到达昙华林街区喝下午茶闲逛，是外地游客游览武昌的经典线路。

昙华林街区位于武汉市武昌老城区内，东起中山路，西至得胜桥，全长1200米，是明洪武四年（1371年）武昌城扩建定型后逐渐形成的一条老街。

1861年，汉口开埠后，武昌昙华林一带医院、学校、公寓、教堂等建筑开始修建，洋务运动、辛亥革命、民国时期都曾在这里留下过丰富的建筑与文化，目前整个街区分布着历史建筑和遗迹52处，其中多数文保建筑均可入内参观，游客可以身临其境感受一把“民国feel”。

昙华林街区全长约1.2公里，街区内约有咖啡馆30余家，书店10余家。在这些店内，售卖着各式武汉特色工艺品，主要吸引文艺青年。街区在整体设计上不改动原样，但添加了许多武汉本土化的设计。街区内最出名的咖啡馆“大水的店”，日均吸引客流量可达1000人次以上。

驻足昙华林，一股艺术的气息扑面而来。古老的中西方建筑、宁静的艺术展厅、熙熙攘攘的游客，尽管当下的昙华林有了一定的商业气息，但是却仍旧在繁闹中透出几分清幽。

与其他城市重新构建文化艺术中心不同的是，昙华林位于武汉市中心，这里居民密集。昙华林在改造过程中并不是实施整体动迁，而是有重点地收回历史建筑、风貌建筑的产权，大部分市民仍留在街区生活。所以，今天的昙华林既有游客爱逛的咖啡店、书店、画廊，也能看到老武汉人生活的印迹。

改造：保持原生态转型艺术区

昙华林吸引了一大批艺术家到这里实现梦想，而艺术家的进驻赋予了这个历史街区时尚的生命。

2003年，武汉市政府制定《武汉市历史文化名城规划》，将昙华林纳入武汉市五片“重点历史文化街区”，开始对昙华林街区房屋进行保护。但与各地老建筑群相似，由于产权不清，政府统一进行规划与改造成本极高，普通居民又难以承受历史建筑高昂的修复成本，昙华林改造启动困难。

自2005年起，武昌区政府开始投资对昙华林街区进行大规模修缮，并借此收回一些危旧老建筑产权。2005年开始，武昌区政府分两期工程共投资1.1亿元，历时6年对60栋建筑立面与9栋建筑整体进行修复。

由于昙华林紧邻著名美术学府——湖北美术学院，武汉市因地制宜把昙华林规划为“昙华林艺术村”。2007年，昙华林艺术村开始建设。“昙华林艺术区”创意产业园方案在保留原生街巷生活模式的基础上，保护昙华林厚重的历史底蕴和浓厚的文化氛围，以辖区内湖北美术学院、湖北省美术院等艺术机构为引领，将其打造成为湖北省知名艺术家和艺术产业集聚区。

昙华林无偿为艺术家提供场地，容纳了画室10余家，杂志社、微型博物馆、文化企业40余家，这些文化机构在街区内不定期举办诸如设计双年展、首义文化节等文艺活动，不仅使外地游客可以来街区尝鲜，更吸引了武汉众多的市民与大学生来街区参观。街区日均人流量达一万人次以上。

经验：艺术为主导盘活老街区

深圳综合开发研究院主任研究员李津逵长期跟踪昙华林历史街区的保护与建设，他认为，昙华林的成功源自民间发起的文物保护情怀，始于政府的规划和基础设施改造，继之以文化产业园区建设。

“昙华林街区范围广，所幸的是武昌区政府对历史街区抱持敬畏与谨慎态度，使民间艺术力量得以自发成长、文化业态与原住居民相安共处。”李津逵接受采访时说。

怎样传承好昙华林的文化，武昌区有关负责人介绍：“昙华林历史文化街区作为武昌‘古城文化区’的重要部分，应当成为武昌区文化复兴的一张亮丽的名片。呵护古城文化，不能急功近利、只求经济效益，更要尊重和听取对这片土壤有感情的专家、民众的意见。”

“以美术学院为主导，对艺术而非对商业、产业‘开埠’，并将艺术区设于城市中心地带的文化创意产业园模式，在全国绝无仅有。”湖北美术学院院长徐勇民如是说。

在《昙华林历史风貌街区项目保护规划》中，也有对居民生活区的规划设置，将其作为街区与外部城市区的过渡地带，但同时，亦鼓励市民迁出教堂等原不作为居住使用的建筑，规定街区内人均居住面积不得低于 8 平方米，使建筑重新回到自然恢复更新阶段。

“西关富，东山贵”，东山人家除了家境殷实之外，还拥有显赫的家世。而昔日东山风貌，尽在今天的新河浦。

记者手记

“新天地”模式广州难复制

在选择新河浦的参照系时，我们颇费一番思量。曾有人建议可近学佛山岭南天地。但深入了解之后，笔者发现“新天地”系列的改造模式难以在新河浦复制。

众所周知，香港瑞安操刀的上海新天地、岭南天地等项目，都以居民整体搬迁为前提。国内大多数历史建筑区改造走的也是整体改造的路子，因如果不实施整体动迁，改造后区域仍是分散小业主，无法对其进行整体招商，也就无法实现收益。而分散小业主是没有财力对整个街区实施改造的。

但整体动迁的路子在广州往往走不通。一是经济上的原因，广州大多数历史建筑区都位于市中心寸土寸金的地段，动迁成本非常高；二是文化上的原因，广州人认为在保存历史建筑形式的同时，也应当尽力留存该地的生活方式，如果原生态的生活流失了，历史街区就算改造得再漂亮，也是一座没有灵魂的“空城”。不得不承认，广州人的文化保护观念相对于其他不少城市，是相对超前的。

如果去问新河浦片区的居民他们对改造开发的意见，多半持保留态度。新河浦的魅力，一多半来自它的“静”，一旦开发成为旅游区，居民的居住环境势必会受到一定程度的影响。

但从城市发展的角度来说，对于这样一个城市历史文化的宝库，任由其尘封一隅，也是一种浪费。从保护的角度来说，如果没有商业模式适度的支持，在原有生活方式、城市文化衰微之后，带来的必然是街区的衰落。而文化和商业衰落的必然结果，就是建筑本身也难以保存——这是许多历史街区“越保护越衰败”的深层次原因。

静极宜思变。要保护，也要适度活化。说实话，成功的案例凤毛麟角。

武汉昙华林的案例也许不能说是十全十美，但其在重点收回历史建筑产权的同时，保留原住居民的做法，“以艺术开埠，而非以产业开埠”的做法，确实能给新河浦改造一些启示。

策划：姜玉龙　谭亦芳　曾妮

采写统筹：曾妮

版式统筹：陈健珊

撰文：曾妮　实习生　李昊阳

七、沙面：打开一扇门让老建筑活起来

冬日暖阳，沙面是广州旧日一隅。这里的阳光是旧的，建筑是旧的，节奏也是旧的。岛上150余座欧洲风格建筑是广州最具异国情调的欧洲建筑群，勾勒出广州的近代风貌，被称为广州的“外滩”。透过紧闭的门窗，可以看到建筑内部昏暗的空间、尘封的物件。

不知多少人有相似的感觉，喜欢沙面，可是能从这里读到的东西太少。历史建筑除了门窗紧锁，难道不能开门迎客？适度活化开发，就像为老房子打开一扇窗户，让久违的阳光照进来。《文心雕城》这一期，通过与天津五大道景区的更新升级比较，期待为沙面老建筑找到焕发生命的新方向。

沙面：建筑“文化盒”待开启

今日：老屋虽美　难近“内心”

穿越大半个广州，英国人Chad从天河五山来到荔湾沙面风景区。自他走过沙面东桥，手中的相机便没有放下。“这里很像我的家乡，很美丽。”Chad发出感叹。在他看来，沙面闹中有静，繁华而又内敛，喧嚣却也恬静。

“看似寻常最奇崛，成如容易却艰辛。”沙面如今的优雅和繁荣包含了几代人的智慧与汗水。早在1959年，周恩来总理视察沙面时便早有见地地指出“要保护沙面原貌和环境”；1996年，沙面建筑群被列入全国重点文物保护单位。

最近的一次整修则于2010年，在迎亚运人居环境整饰工程中，沙面得到全方位的保护和修理。无论建筑还是周围环境，都得到改善。

Chad走进位于沙面大街的星巴克，对历史建筑改建为咖啡馆的做法啧啧称奇。沙面52号的二层小楼原为英国传教士公寓，属特色级保护建筑。小楼外观严格对称，正中设有山花，并用方形壁柱控制构图，柱间为连续券廊，券和券心石做工细腻。

在沙面大街上，诸如此类的英式、法式建筑比比皆是，外观皆亮丽、独特，可令 Chad 等游人略感失望的是，“转型”成功、准予参观的楼房寥寥无几，仅有几间被改造为食肆和画廊。Chad 无法走进沙面西式楼房的“内心”，也只能踮起脚，透过铁门铁窗，瞅瞅房内曾经精致无比的楼梯、室内设计，为它们如今的空置、布满灰尘叹气。

昔日：特色建筑　异国风情

第二次鸦片战争爆发后，以“恢复商馆洋行”为借口，英、法两国决定租借沙面。1861 年 9 月，英国驻广州领事与两广总督签订不平等条约《沙面租约协定》，沙面正式成为租界。以沙面一街为界，由东向西属于英国租界，由西向东属于法国租界。

英法等国在沙面岛上取得许多特权，英国领事馆也于 1865 年从原将军府北面旧址搬进沙面（今沙面南街 46 号），随后，美国、葡萄牙、德国、日本、荷兰、俄罗斯等国家领事馆也陆续迁入。许多原本在香港的金融组织也纷纷前往沙面开设分行或迁址沙面。

从 19 世纪末到 20 世纪初，沙面租界内的公共设施已基本完备，有领事馆、教堂、银行、邮局、电报局、商行、医院、酒店和住宅等，其住户多是各国领事馆、银行、洋行的人员以及外籍的税务官和传教士。建立在此的机构，包括太古洋行、美孚洋行、三菱洋行、汇丰银行、渣打银行等这些至今还活跃在世界市场上的大鳄。

今天沙面的建筑基本上都是文物建筑。沙面岛上有 150 多座欧洲风格建筑，其中有 42 座特色突出的新巴洛克式、仿哥特式、券廊式、新古典式及中西合璧风格建筑，是广州最具异国情调的欧洲建筑群。

呼吁：合理活化　敞开大门

现在沙面的老建筑都会在外墙上刻上一块石牌，说明这栋房子的建造时间、过去用途等。可惜除了这几行字之外，一般游客和市民都无法再进一步了解建筑的历史和特色。

沙面缘何多年“尘封”，沙面街坊说，这或许和一次失败的开发有关。

沙面一街 3 号法国东方汇理银行大楼旧址始建于 1889 年。在沙面街坊洪先生眼中，那是一座美丽的宫殿。儿时的他曾有机会进入大楼，一进门便能瞧见一座高大的旋转式楼梯，直通到楼顶，老楼的窗户十分精致，比门还要大，木框上有各式的雕花。

在海运局迁址办公后，法国东方汇理银行大楼被一名香港投资者租下，投资方希望“将沙面变成广州兰桂坊”，而后文物部门要求文物建筑内不得经营明火餐饮，让香港投资者的计划宣告流产，只好将大楼交回政府。

2000 年，香港投资者撤出时，将最具建筑特色的门框和门扇、壁炉全部拆走，法国东方汇理银行大楼首层所有内墙也都被拆毁。国家文物部门调查后，定性为恶性破坏事件。尽管后来罚了承租人 35 万元，但熟悉这栋大楼的沙面老街坊为此皆痛心疾首。

为了保护历史建筑，沙面的西洋大楼多数“只能远观”。究竟这栋建筑的风格所属、房内景观如何、曾经经历哪些风雨，这些问题在目前的游览中都得不到解答。很多大楼要么大门紧闭，整栋空置，要么就成了单位办公室和经营场所。

沙面的洋楼游览就这样只能停留在表面的参观中。即使市民自费进入一些已经改造成餐馆的房子中，里面的样子也和原貌大不相同。

“我曾经去过成为世界文化遗产的澳门和开平游览，那里很多旧建筑还是继续按照当年的布局，有详细介绍建筑的故事，里面的铁门、水泵，甚至连一个被撬开的窗框都有介绍。在里面游览就像置身于建筑当年的历史中。”市民许先生说道。

天津五大道历史文化街区是 19 世纪末 20 世纪初形成的英租界高级住宅区。

五大道：洋楼“新篇章”正续写

现状：北京四合院　天津小洋楼

“五千年看西安，一千年看北京，中华百年看天津。”而来访天津的游客若想了解末代皇帝溥仪从皇帝到公民的传奇一生，必定要游览静园。

静园始建于 1921 年，占地面积 3016 平方米，建筑面积约 1900 平方米，与 1929 年至 1931 年间为爱新觉罗・溥仪的居所。静园见证了溥仪寓居天津的后期，一方面尽情享受现代生活的场景，另一方面意欲复辟清朝的活动。

笔者2014年曾游天津，静园便是游览的第一站。彼时，天津的天空因天气阴冷而显得有些灰沉，红色瓦顶、红色门窗的具有明显西班牙中世纪建筑特征的静园在灰沉中可谓让人眼前一亮。静园建筑属于折中主义风格，细部构建和装饰呈现典型的日本木结构建筑特征，朴素而自然。

静园所在的天津五大道历史文化街区是19世纪末20世纪初形成的英租界高级住宅区。规划布局为略带弯曲的方格路网，大量建筑形式各异的殖民地居住建筑和配套公共建筑形成了连续并富有变化的街巷空间，整体环境幽雅，配套设施完善。

区内，世界里、生牲里、民园西里、燕安里、小光明里、山益里、义生里、桂林里、鸿德里、永安里及安乐邨、大兴新村等街巷被划定为历史街巷，街区则统一被划分为三个功能引导区，即生活会所综合区、会议商旅综合区、文化体验综合区。

改造：建筑整修　立法先行

作为中国北方最大的沿海开放城市，天津在近代历史上扮演着重要的角色。天津开埠后，列强纷纷在天津划定租界，天津的租界也成为当时中国北方的“城中城”，五大道就是“天津小洋楼”最集中的街区。

历史建筑不仅富有观赏价值，还颇具文化魅力，为了更好展现“天津小洋楼”的风采，天津市提出了“保护优先、合理利用、修旧如故、安全适用”的16字理念。

2005年，天津市委、市政府制定、实施了《天津市历史风貌建筑保护条例》，从高度重视历史文化遗存保护的角度出发，先后确定了6批、877幢、126万平方米的历史风貌建筑。同时由天津市规划局编制，划分了包括解放北路、解放南路、海河、五大道、估衣街、老城厢、劝业场、中心花园、承德道、鞍山道等14处天津市重点历史文化街区。

在活化之前，老房子有些已濒临倒塌，成为危房。以溥仪旧居静园改造为例，溥仪离去后，静园多番易主，在腾迁前已经成为45户居民的大杂院。因建造年代久远，又经历多次自然灾害，静园存在严重的自然损坏及人为损坏痕迹。据了解，院内搭建违章建筑近600平方米，居住环境和居住功能极差，被鉴定为危险房屋。

在2005年颁布的《条例》中，静园等历史风貌建筑被纳入保护范围。同年10月，天津市对静园开展了腾迁整修工作，成本约3200万元，市政府仅投入了100万元重点服务业引导资金、50万元旅游发展资金和50万元科研引导资金，其余3000万元资金全部由风貌公司自筹，并通过办公租赁、文博展览、影视剧拍摄和商业活动等方式，实现经营平衡。

经验："活化"老洋房　焕发新生命

"从法律的出台到规划的制定，天津市在历史文化街区的保护更新上是立法先行，依法依规。保护更新必然会涉及各方面的利益，如果不把法律与规划定好，贸然启动就有可能陷入泥潭，推动不下去。"和平区区委宣传部相关负责人说。

2007年7月，静园作为国家AAA级旅游景区向公众开放，近8年来累计接待中外游客超过123万人次，成为展示天津近代历史的一个重要窗口。

而庆王府也在整修后与比邻的山益里被共同打造成庆王府精品文化酒店区向公众开放，成为一个集文化旅游、商务会议和休闲度假于一体的综合性社区。

此外，还有民园西里文化创意街区，总投资达1亿元，自2009年投入运营以来，已经引入13家文化创意品牌，举办了近300余场次的公益文化活动，将文化、创意活动与商业运作有机结合。

"天津历史文化街区肌理一直都保护得比较好，在保护更新上关键是如何活化历史风貌建筑的问题。为了统筹协调这一件事，天津市政府在2005年的时候，根据《条例》出资组建了天津市历史风貌建筑整理有限责任公司（下称'风貌公司'）。这是我们的一大创新。"天津市风貌办负责人介绍。

风貌公司是天津市政府出资组建的国有独资公司，是天津市对历史风貌建筑进行整理的唯一特设公司。经过9年的市场化运作，目前总资产已经突破了36亿元，净资产10亿元，初步形成以房屋收储、建筑修缮、文化整合、品牌营销、资产经营等五大专业板块为依托的产业链。

据了解，风貌公司创新打造"政府统一规划，企业市场运作"的模式，在五大道、解放北路、鞍山道等历史文化街区的腾迁中采取实物安置和货币安置两种方式，由居民自由选择。截至目前，共有1496户居民通过搬迁提高了居住水平，近7万平方米历史风貌建筑进入整修和运营阶段，取得了良好的社会效益和经济效益。

何处可看千年广州？如何才能“返寻味”？文心雕城，让我们一起寻策求解。可扫描二维码进行关注或留言评论。

记者手记

历史街区保护活化需加强改革设计

每每行走于沙面，眼见西式洋楼外表鲜亮内部凋零，不免为其可惜，沙面历史建筑的价值“活化”也应提上日程。

多地走访之下，不难发现，历史建筑的保护与更新规划难以落实的重要原因是其运营模式、制度保障、资金保证及公众参与不够完善。理论研究与实践经验的缺乏，造成了现实当中许多历史建筑的保护与更新策略落不到实处，成为一纸空谈。

因此，如何解决历史建筑保护与更新的策略落实问题，特别是如何缓解城市中大量优秀历史建筑亟待保护的需求与政府不堪重负的财政压力之间的矛盾，值得我们深思。

在天津五大道的范例中，便有广州的借鉴之处。历史建筑的保护与更新不应采用单纯依靠政府或者单纯以地产商业开发为手段的市场模式。在走访国内其他城市成功的文化核心区时，笔者发现它们大多走的是“政府主导、社会参与”的路子，如何既坚持政府主导、又调动社会参与？这就要依靠改革了。天津市立法先行，为第五大道的保护开发确立规范，继而成立风貌公司，调动市场化力量将政府的规划变为现实，实现了城市、市场、居民的多方共赢。

沙面多年处于静态的文物保护之下，如同一座宝库被紧紧关闭。反映出政府对沙面的保护开发缺乏顶层设计和长远规划。在这种静态保护下，文物建筑缺乏日常维修，老建筑内居住环境长期得不到改善，仅有的一些允许经营的建筑，也被士多店、餐厅和低端的旅游纪念品店占据，低端的业态和这一区域优美的风景、深厚的底蕴十分不协调。

历史街区的保护活化必须依靠改革。希望广州市和荔湾区相关部门对沙面的现状和未来多一些研究、多一些顶层设计，讲好沙面的故事，推动老街区融入现代生活，为广州世界文化名城添上更加亮眼的一笔。

策划：姜玉龙　谭亦芳　曾妮

采写统筹：曾妮

版式统筹：陈健珊

撰文：张西陆　许晓冰

八、上下九：匆匆步履可否为文化驻足

商业繁华的上下九是许多游客的必去之地，然而在众人吃喝玩乐“返寻味”于热闹的街道时，上下九内巷的旧屋也在年华老去，随之消逝的还有被消费文化挤压的西关情怀。“文澜阁”、湛露直街、华林寺、“西来初地”牌楼背后承载的历史文化，也一次次与游客擦肩而过。

提起上下九，游人更多的是想到拥挤的人群、夜晚喧嚣的走鬼夜市，还有经常面临的打车难问题。如何兼顾历史文化片区保护和民生改善？本期《文心雕城》将走进广州上下九和北京什刹海，探讨挖掘历史文化资源的同时，为居民及游客提供更为舒适的公共空间。

上下九：西关风情隐于闹市

现状：“年轻”的街“苍老”的巷

走进上下九步行街，映入眼帘的是古色古香、以浅灰为主色的仿古建筑，沿街挂着2000多盏红灯笼。富有岭南特色的骑楼建筑下，聚集了近250间各类商业店铺和数千商户。街上往来的大都是穿着时尚衣裳的年轻男女，他们在西关风情的建筑中追逐着时尚和潮流。“在上下九能淘到很多物美价廉的衣服。”在不少游客看来，商业繁华是上下九最显著的标签。

作为老街，这里自然少不了老字号店铺，在陶陶居、莲香楼、广州酒家等各类食肆中，能找寻到驰名国内外的文昌鸡、陶陶姜葱鸡、双皮奶、广式月饼、老婆饼等各类美食和小吃。永安百货公司、广州服装店、鹤鸣鞋帽店、大陆钟表店、妇女儿童百货商店等老字号，则是上下九的商业发展印记。

“凉茶档”、“人桥”、“老车夫”、“门前倩影”、“西关小姐”……街上陈列的著名岭南雕塑家万兆泉的铜雕作品，展现了二三十年代老广的生活场景，为游客提供解锁西关文化的密码。幸运的话，游客还能遇到一位头戴尖头竹编帽、两颊涂红胭脂、身上背着“五彩大公鸡”的卖榄人，他用唢呐模仿公鸡的叫声“嘀嘀嗒、嘀嘀嗒”，被老广称为“鸡公榄”。

上下九的内涵并非只有商业，这里的每一条街巷都有美丽的传说和厚重的历史。下九路的“文澜阁”印证着昔日十三行富商组建“文澜书院”的历史，湛露直街是清同治年间的状元梁耀枢曾住过的地方。下九路西来正街口，“西来初地”的牌楼就立于此，相传此地为达摩祖师1000多年前登陆中华大地的地点。人们为此建造了西来庵，后经过多次扩建，成为华林寺。穿过牌楼往里走，便是华林玉器街，再往前就是千年禅寺华林寺。这里庄严而静谧，信众们正在佛堂内低声诵经。

“人们对上下九的认识大多停留在吃喝玩乐，却不了解这里的历史。”吕叔在上下九附近住了50多年，眼看着上下九步行街越来越繁荣，内街巷的西关大屋却渐渐没落，成为危楼，现代民房则拔地而起，“这里的历史厚重，不能等着初来乍到的游客挖掘，而要通过规划进行展示。”

历史：广州中外文化交流最早之地

上下九一带是广州中外文化交流最早的地段之一，早在6世纪就成为商业聚集地。明清时代，朝廷于此处设下接待外国使者和商贾的怀远驿，随着大观河的开通，十三行成为广州对外贸易重要口岸。作为广州对外贸易与文化交通的交会点，西关形成了多条著名的商业街，上下九一带的商贸也日益兴旺。

鸦片战争后，广州城的富商巨贾纷纷在西关择地兴建住宅，上下九的标志性建筑——骑楼便始建于这时期。各式苏杭杂货店、洋货店以及茶楼食肆林立，主要服务于居住在附近的大户人家。平日深居简出的西关小姐，偶尔也会到上下九购买胭脂水粉或量体裁衣。

1929年，上九路、下九路建成通车。民国26年，即1937年，十八甫一带的一场大火将商户毁于一旦，西关的商业逐渐向上下九和第十甫转移。随着居民不断增多，上下九和第十甫一带，一批缸瓦铺、杂货铺和小吃铺迅速兴起，以物美价廉扬名，30年代更是成为粤剧名伶的“夜宵饭堂”，商贾、政要、文化界人士出入其间，蜚声海内外。

抗战胜利后，许多为避战乱而疏散的商人回此重整旗鼓，商业街更添繁华。据介绍，当时的上九路多为金铺、棉布庄，下九路多为鞋铺、绸缎店和摄影店，而第十甫路则以食肆居多。五六十年代，上下九沿街摆卖的摊贩五花八门，常有小贩挑着小吃担子走街串巷地叫卖。

“文化大革命”后，上下九近30家饮食店有12家停业、4家合并、2家迁走。陶陶居改名为“东风楼”，莲香楼则改名为“东升楼”，只允许做莲蓉馅加工。萧条的场景一直持续到1985年，上下九才重新振兴起来，成为广州市名牌月饼的总汇。1995年，上九路、下九路和第十甫路带着“中国第一条开通的商业步行街”的光环，再次找回昔日的商业地位。

改造：禅宗文化和商埠文化共生

上下九的特色并非只有商业，如何不让游客与历史积淀“擦肩而过”？根据荔湾区的规划，将以“点线面”重塑岭南文化核心，分主题区域打造特色文化景观，具体至上下九一带，则是以上下九—第十甫路—恩宁路—龙津路“广州最长的骑楼街”为重点，“陆路”串联华林寺、西来初地、仁威庙、玉器城等节点，打造禅宗商贸文化旅游区。

“作为西关商业发展亮点的上下九商圈，尚未形成如南京夫子庙秦淮风光带或上海城隍庙、豫园民俗风情区那样的商贸旅游文化。”广州岭南文化研究会编撰的《西关文化》中，对上述景区的特点作了如下归纳：以知名度高的文物古迹为中心，处在历史文化积淀深厚的地域。

广州岭南文化研究会相关负责人认为，华林寺坐落在下九路北面，东与十三行街区接壤，是中国禅宗的发源地。华林寺由于邻近十三行商馆区，在200多年前就成为各路商贾和宗教人士的流连之地。20世纪60年代初，常有外国商人后裔到访华林寺，寻找先辈留下的遗迹。可见，华林寺极具旅游开发价值。

如何发掘华林寺历史文化资源？广州岭南文化研究会相关负责人认为，对这一街区的开发利用要着重整体保护和控制，避免“大拆大建”，坚持“修旧如旧、高度适宜、地方风格、多留绿地”的原则。尤其要注意对华林寺宗教建筑群的保护，修复山门、楼阁等建筑，使其成为宗教旅游景观，吸引信众和游客。华林寺街区外部和内部的空间结构还要进行整体提炼，把宗教旅游景观和商埠文化景观有机融合，建设街头附加艺术小品景观和配套旅游服务设施。

在众人吃喝玩乐“返寻味”于热闹的街道时，上下九内巷的旧屋也在年华老去，随之消逝的还有被消费文化挤压的西关情怀。

什刹海：流连巷陌品京味儿

现状：浓缩老北京历史文化

什刹海又称十刹海、十汉海或石版海，由西海、后海、前海组成，为一自西北斜向东南的狭长水面。王府文化、宗教文化、名人文化、商业文化、建筑文化、民俗文化等都在这里相互融合，成为老北京历史的缩影和文化的根源。

前海两岸是保存完好的王府花园、纵横交错的市井民居，与钟楼、鼓楼相呼应。沿着胡同漫步，青瓦灰墙、朱漆小门引起人们无限的遐想，标准的四合院、二进、三进、多进带花园四合院和王府等各种类型四合院一应俱全。宋庆龄故居、郭沫若故居等诸多名人故居散落于此，增添了浓厚的人文气息。

古有九庵一庙为“十刹”之说，什刹海自古就是古刹名寺林立之地，寺庙、道观、教堂和谐并存。晨钟暮鼓，时光流转，广化寺内古柏苍翠，香火缭绕。这座建于元代的寺庙，收藏着1700多件国家级文物。

前海与后海交接处，有一“银锭桥”。据说早年的这座小桥，像一个倒置的元宝横卧在前海和后海之间，故被人称作“银锭桥”。后来原桥重修后加长了桥身，拓宽了桥面，虽不像元宝，但仍不失清雅秀丽，“银锭观山”一向盛传为北京一景。

过了银锭桥，便是酒吧一条街。现代的酒吧与传统建筑有机地结合在一起，夜幕降临，灯红酒绿配上湖光垂柳，煞是好看。从银锭桥斜插向北入中轴线的钟鼓楼大街西侧，是烟袋斜街，形状恰似一条烟袋。街道里的小店把各种风格演绎到极致，既有后现代范儿的，也有走古朴路线的。

改造：保持原汁原味的清末风貌

什刹海地区是北京40片历史文化保护区中最大的一片。历史文化积淀深厚，有文物保护单位40余处，占西城区的三分之一以上。历文上本地区曾建有王府、寺观、庵庙等多达30余座，现仍尚存10几处。

规划中的什刹海历史文化保护区，地处北京市中轴线西翼文化带，东起地安门外大街，西至德胜门内大街，北抵鼓楼西大街，南到地安门西大街，占地面积323公顷，水域面积33.6公顷，在北京40片历史文化保护区中面积最大。

2002年，《北京旧城25片历史文化保护区保护规划》颁布，首次提出要对历史文化保护区实行“院落划分、用地调整、人口密度分类、改善市政基础设施条件”等保护方式。规划划定的25个历史文化保护区保护和控制范围共占地约957公顷，其中重点保护区占地约559公顷（包括城市道路）；建设控制区占地约398公顷。

什刹海便是25片历史文化保护区之一。根据规划，历史文化保护区遵循保护、整治与控制的原则，尽量保护真实的历史遗存，注意街区整体风貌的保护，保护构成历史风貌的各个要素，包括建筑物、院墙、街巷胡同、河道、古树等。

从2012年起，西城区开始对文保区开展整治提升工程。包括街面美化如建筑物外立面、胡同、牌坊门楼整治，架空线入地，新增改建绿地等。目前，地安门外大街沿线正在进行景观提升工程，街道、门楼、牌匾、胡同等都将按照清末民初时的旧貌进行修缮。周边的高层建筑也将集体降低身高，楼层高度不超过二层。按照规划，什刹海周边将被打造成原汁原味的清末风貌。

此前，多条电车线路穿过什刹海文保区，空中密布如蜘蛛网的电线与清末街景显得格格不入。规划后，文保区将实现架空线全部入地，过境电车将改成新能源电车。

经验：保护历史遗存兼顾改善民生

什刹海规划改造是北京历史文化名城保护的缩影。然而，在全国各个城市，历史文化名城的保护并不容易。《北京市“十二五”时期历史文化名城保护建设规划》显示，在资金、人口疏解和文化遗产保护的系统性等方面，仍遇到不少难题。

历史文化名城保护需要投入大量公益性资金，特别是旧城风貌保护、房屋修缮、市政设施改善、人口疏解等资金需求量巨大，以政府财政投入同时争取社会资金的投资方式仍远远不能满足需要，而名城保护的多元化社会融资模式尚未建立。历史文化价值和文化内涵的挖掘，也亟需获得社会各界的广泛参与。

历史文化保护区及风貌协调区人口仍然过度聚集，居住人口密度高，从事低端产业的外来人口多，结构复杂，人口疏解压力大，远未形成与文化古都相适应的和谐宜居环境。与此同时，有吸引力的外迁安置房源不足，外迁居民多样化的安置需求与较为单一的安置方式之间存在矛盾。

为此，北京以旧城房屋解危排险、街巷综合整治和院落修缮改造工程为代表，坚持改善民生与保护风貌相结合，按照“修缮、改善、疏散”的总体要求，采取“政府主导、财政投入、居民自愿、专家指导、社会监督”的方式，2006 年至 2009 年共计修缮院落 5000 余个、房屋 110 余万平方米，改善了 5 万余户居民住房条件。

《北京市“十二五”时期历史文化名城保护建设规划》显示，近年来，市区两级政府对历史文化名城保护工作投入资金约 180 亿元，其中市政府固定资产投资约 70 亿元，市级财政投入约 50 亿元，区级政府投入约 60 亿元，主要用于旧城环境整治、基础设施建设、房屋修缮、“煤改电”工程、文物保护、非物质文化遗产保护等方面。北京还将研究制定促进旧城文化事业发展的激励政策，结合文化设施增设和各类文化活动，融合发展新文化。

在众人吃喝玩乐“返寻味”于热闹的街道时，上下九内巷的旧屋也在年华老去，随之消逝的还有被消费文化挤压的西关情怀。

莫让游客与历史文化“擦肩而过”

行走于上下九，不经意间便会与历史碰面，但不经意间也会与历史擦肩而过。

在老广的眼中，上下九的发展历史，便是广州商业发展的一部编年史。也有人把上下九比作西关的内脏，西关的“腰带”，这里的每一条街、每一条巷几乎都有一个美丽的传说及深厚的历史积淀。拐进一旁的小巷，一切喧嚣才抛诸脑后。这里静谧的气氛，仿佛与外街隔了一道无形的屏障。

如今，巷内仍可见百年历史的西关大屋，然而经历岁月沧桑，有些砖瓦已经发霉，却更显古朴。因为拆建和搬迁，巷内原居民一天天地减少，人去楼空后，西关大屋就此废弃，随后被现代的民房取而代之。

游人对于上下九的印象，莫过于逛街购物、吃喝玩乐一条街。拥挤的人群，喧嚣的街道，渐渐湮没了上下九原有的文化内涵。“人太多了，那里的东西虽然物美价廉，却感觉商业氛围不上档次，现在都不大想去那里了”。来过几次上下九，有游客就发出了这样的感叹。而搜索上下九商圈的新闻，“走鬼”占道经营、打车难等问题却一直困扰当地居民和游客。

对于上下九一带而言，民生改善与文化保护同样重要。随着经济的发展，人们对旧城建设问题有了新的思考。旧城的传统品质重新得到了大众的关注，但旧城空间所承载的现代生活，却又对城区的公共服务功能提出了新的要求。

在旧城保护和建设中，既要保护、修缮传统历史建筑，如骑楼、寺庙、传统民居等，发挥传统城市空间的魅力，又要不断完善公共设施和公共服务，完善旧城的空间结构，以承载现代生活的需求。

这一点，从什刹海的规划改造中，或许能找到可供借鉴的经验。比如保护历史文化遗存时要注重细节元素，建筑物、院墙甚至植物等都应贴近历史风貌，通过旅游景观吸引游客。同时把历史文化保护与改善民生结合起来，改善旧城市政基础设施，推动步行、自行车等慢行交通系统的发展和公共交通的配套，为居民及游客提供更为舒适的公共空间。

策划：姜玉龙　谭亦芳　曾妮

采写统筹：曾妮

版式统筹：陈健珊

撰文：昌道励　实习生　陈文仪